赵宇健　金红丹　左小德　著

协同效应的理论与实证研究

Theoretical and Empirical Research of Synergistic Effects

暨南大學出版社
JINAN UNIVERSITY PRESS

中国·广州

图书在版编目（CIP）数据

协同效应的理论与实证研究/赵宇健，金红丹，左小德著．—广州：
暨南大学出版社，2023.11
　　ISBN 978-7-5668-3770-7

　　Ⅰ．①协…　　Ⅱ．①赵…②金…③左…　　Ⅲ．①经济数学—研究
Ⅳ．①F22

中国国家版本馆 CIP 数据核字（2023）第 170856 号

协同效应的理论与实证研究
XIETONG XIAOYING DE LILUN YU SHIZHENG YANJIU
著　者：赵宇健　金红丹　左小德

出 版 人：阳　翼
责任编辑：曾鑫华　张馨予
责任校对：刘舜怡　黄亦秋
责任印制：周一丹　郑玉婷

出版发行：暨南大学出版社（511443）
电　　话：总编室（8620）37332601
　　　　　营销部（8620）37332680　37332681　37332682　37332683
传　　真：（8620）37332660（办公室）　37332684（营销部）
网　　址：http://www.jnupress.com
排　　版：广州市广知园教育科技有限公司
印　　刷：广州市金骏彩色印务有限公司
开　　本：890mm×1240mm　1/32
印　　张：6.5
字　　数：146 千
版　　次：2023 年 11 月第 1 版
印　　次：2023 年 11 月第 1 次
定　　价：35.00 元

（暨大版图书如有印装质量问题，请与出版社总编室联系调换）

前　言

随着经济的发展和社会的进步，人类的经济活动已经互相融合为一体了，慢慢进化成了人类命运共同体。这个共同体不分国家性质、不分地域差异、不分文化差异，都必须进行协同合作、协同发展，世界各国共同经历经济发展的荣衰，合作共赢成了全球经济健康发展的主题。

在微观层面，从企业的外部经营角度来看，供应链上下游要进行协同，形成供应链的合作，可以直接进行战略的前向一体化或后向一体化，或者采用兼并与收购的方式进行横向合作和拓展，最低层次也要通过供应链合同契约的形式进行合作。

从企业的内部经营角度来看，企业内部的产、供、销或者进、销、存各个部门也需要进行协同和合作，从而消除各种瓶颈和浪费，确保企业收益的最大化。

企业管理中应用的各种数学优化模型追求的目标是将企业内外部的各种资源尽可能实现价值的最大化，获得最优的产出，其本质也是人力资源和物资资源的相互协同，从而实现系统的最优化。

基于此，本书是我在暨南大学攻读企业管理博士学位期间所做的思考和研究，并与金红丹博士和左小德教授共同整理提炼的总结，以期丰富协同领域的研究成果。

赵宇健

2023 年 7 月于暨南园

目　录

1 绪论

1.1 研究背景

    全球经济经历了多年的一体化发展后，虽然在某一时期出现了逆一体化发展的潮流，特别是某个大国的领导人独断专行地推行"某国利益优先"的理念与政策，逆全球化的潮流而动，但是历史证明这种做法终将行之不远、遭到历史的抛弃。因此，社会分工与合作是历史发展的必然趋势。随着社会的发展，整个地球村正经历着前所未有、复杂而深刻的发展与变化，这些发展与变化像雨后春笋般日渐显露，延伸到政治、经济、生活等各个方面。迅速扩张的新领域、商业模式的快速迭代、信息技术的渗透、融入生活的数字科技、超出人类想象的变革步伐……这些新变化层出不穷，日新月异。

    这一系列的发展与变化，深刻嵌入地球村这一大家庭。世界多极化、经济全球化、贸易便利化、文化多元化、社会信息化和消费个性化等趋势也正在催生着新的国际政治经济关系，并深远地影响、改变着全球经济与社会的发展方式，促进人类命运共同体的形成。

在当前互联网和数字技术赋能"大地球村"时代巨变的背景下，2015年3月28日，中国国务院授权国家发改委、外交部、商务部联合发布了《推动共建丝绸之路经济带和21世纪海上丝绸之路的愿景与行动》①（简称"一带一路"）。"一带一路"是承载着中国与世界未来经济、贸易、政治、外交、文化交流发展的一份重大倡议；是一个以"共商、共建、共享"为原则，将沿线各国的发展战略有机衔接起来的系统工程；是一项贯穿亚欧非大陆及附近海洋、辐射全球，推动构建以合作共赢为核心、打造人类命运共同体的伟大事业。

"一带一路"旨在推动全球多极化、经济一体化、文化融合和社会信息化的进程，并致力于建立一个充满活力的、具有开放性的经济体，共同推动世界经济的发展；旨在促进区域间经济要素有序自由的流动，实现资源的有效配置，加强市场一体化，提升经济发展水平，推动可持续发展，促进沿线国家间的经济政策协调，开展大范围、高水平、深层次的区域合作，共同构建开放、包容、均衡、普惠的区域经济合作格局。"一带一路"倡议的提出不仅符合国家的基本利益，更是一条实现人类共同梦想的有效途径，它不仅能够激励各国进行合作，还能够开辟一种全新的、有效的全球治理模式，从而为世界的和平发展带来更多的可

---

① 2015年3月28日，国家发展改革委、外交部、商务部联合发布了《推动共建丝绸之路经济带和21世纪海上丝绸之路的愿景与行动》，即为了推进实施"一带一路"重大倡议，让古丝绸之路焕发新的生机活力，以新的形式使亚欧非各国联系更加紧密，互利合作迈向新的历史高度。"一带一路"建设是一项系统工程，要坚持共商、共建、共享原则，积极推进沿线国家发展战略的相互对接。

能性。"一带一路"倡议的提出，必然会推动沿线国家及其企业的发展模式发生变化。沿线国家有不同的资源禀赋，彼此之间可以互补，相互合作的潜力和空间巨大。

"一带一路"的建设强调国家与国家、企业与企业之间的合作共赢，这与供应链协同中强调成员间的合作共赢在本质上是完全一致的。"一带一路"的目标是通过建立有效的政策沟通渠道、完善基础设施，推动贸易便利化、实现资本融通、增强公众情感交流，以实现双方的共同发展，这一目标贯穿于"一带一路"建设的全过程，适用于所有参与者，以及整个供应链、产业链和价值链的信息流、物流、商流、资金流、人文流的融合发展，以实现更加全面、协调的发展。这凸显了"系统"思维观（System Thinking）和"流"思维观（Flow Thinking）的协同效应。从管理学的角度来看，这种变革模式就是区域的协同发展。利用区域协同，可以有效地调整国家、企业的资源分布，促进经济要素的自由流动，充分发挥各方的优势，进一步提高跨境贸易的效率，提高沿线国家的综合实力，增强企业的核心竞争力，协力打造"一带一路"所倡导的合作共赢之路。

"一带一路"旨在推动亚欧非大陆及周边海洋地区的交流与合作，以及建立一个完整、多样、综合的交流网络，以实现沿线国家的多样、协调、可持续发展。"一带一路"的互联互通项目旨在推动沿线国家之间的经济融合，激发当地市场的潜力，提升投资、消费、创新的需求，并为当地居民带来更多的收入，同时加强彼此之间的文化交流，让每一位参与者都可以共享一个和谐、美好的社会环境。

"一带一路"的目标是实现设施联通，在尊重沿线国家的主权和安全的前提下，各国应当积极构建以铁路、公路、航运、管道、信息网络等为核心的、多元的、综合的基础设施网络，从而大幅降低区域间物质、资金、信息等的交易成本，有效地推动跨区域资源的有序流通和优化配置。六大国际经济合作走廊，即中巴、新亚欧大陆桥、中国-中亚-西亚、中国-中南半岛、中蒙俄、孟中印缅，不仅极大地推动了亚洲经济圈与欧洲经济圈的交流，也极大地改善了国家之间的贸易往来，为实现经济全球化、可持续发展奠定了坚实的基础，对于打造一个高效、便捷的国际大市场具有十分重要的意义。"一带一路"的建设已经进入了一个全新的阶段，这得益于六大经济走廊的积极推动，六大经济走廊的建设和发展情况见表 1-1。

表 1-1 六大经济走廊简况

名称	首倡	特征	进展
中巴经济走廊	2013 年 5 月	先行先试	顺利
中蒙俄经济走廊	2014 年 9 月	早期收获	顺利
新亚欧大陆经济走廊	2014 年 4 月	走廊典范	顺利
中国-中亚-西亚经济走廊	2014 年 6 月	能源通道	顺利
中国-中南半岛经济走廊	2014 年 12 月	经贸桥梁	顺利
孟中印缅经济走廊	2013 年 5 月	战略通道	迟缓

　　新经济时代下的"一带一路"将是一个范围更广、程度更深的区域协同合作模式，它以"一带一路"沿线共建的国际市场需求为导向，以沿线参与国、经济体客户需求为中心，将资源、技术和产品按协同和互利共赢模式连成一个完整的功能网链结构。"一带一路"跨国网链结构是一个复杂的、纵横延伸的、具有一定层次结构的竞争—合作关系网络系统。通过网链上参与主体之间的协同运作，可以实现需-产-供-销的"无缝对接"，从而提高各个参与者的福利水平。然而在这条复杂的网链中，每一位参与者都有自己的经济利益，他们的价值观、商业理念以及理性的范围存在着差异，从而导致了参与者之间可能存在利益矛盾。但客观来说，网链上各节点的主体（决策者）又不可避免地相互依赖、相互影响，甚至共生。这就要求在兼顾网链中各节点自身利益最大化的同时，减少与其他节点或网链整体最优目标的冲突，努力降低不确定性因素的影响，实现各成员间的和谐运作、协同发展。随着全球经济的持续复苏，国际环境变得越来越复杂，市场竞争也变得越来越激烈，这一切都使"和平合作、开放包容、互学互鉴、互利共赢"的丝绸之路精神显得重要且珍贵。

　　粤港澳大湾区①（Guangdong–Hong Kong–Macao Greater Bay Area，GBA）是中国拥有极大发展潜力的地区，其范围广阔，占

---

　　① "粤港澳大湾区"从学术界的讨论到地方政策的考量，再到国家战略的提出，历时 20 余年。1994 年，时任香港科技大学校长吴家玮提出对标旧金山，建设深港湾区。21 世纪初，广州率先提出依托南沙港，对标东京湾区。2009 年 10 月 28 日，粤港澳三地政府有关部门在澳门联合发布《大珠江三角洲城镇群协调发展规划研究》，提出构建珠江口湾区，粤港澳共建世界级城镇群。2014 年，深圳市政府工作报告提出"打造湾区经济"。

地 5.6 万平方公里，由香港、澳门两个特别行政区和广东省内的广州、深圳、珠海、佛山、惠州、东莞、中山、江门、肇庆九个珠三角城市构成。2018 年末，该地区的总人口超过 7 000 万，为中国经济的发展提供了强大的支撑，也为中国经济的增长提供了重要动力。中国的经济增长得益于这些因素的共同作用，这些因素不仅推动了地区间的协调发展，而且还为国家的发展带来了新的机遇和挑战，具有重要的战略地位。

2017 年 7 月 1 日，习近平总书记出席了《深化粤港澳合作推进大湾区建设框架协议》的签署仪式，开启了大湾区的发展之路。2019 年 2 月 18 日，中共中央和国务院印发了《粤港澳大湾区发展规划纲要》，提出构筑一个具有全球竞争力的大湾区，加快构建国际科技创新中心，实现"一带一路"倡议，加强内地与港澳的深层次交流，实现大湾区的可持续发展，这是促进大湾区未来发展的重大举措。

构建粤港澳大湾区，既是当今时代推动形成全球性开放的重大举措，也是"一国两制"计划的具体体现。加速粤港澳大湾区的建设，将有效地拓宽大陆与港澳的沟通渠道，增强港澳在国家发展中的地位，提高其在世界舞台上的影响力，从而为实现我国长期的繁荣和稳定做出更大的贡献。

不管是全球协同的"一带一路"，还是区域协同的"粤港澳大湾区"，其主题和背景都是协同，这种协同以期达到以下目的：

（1）强个体出现，改变组织与个体之间的关系，在强者更强的同时，也带动协同的其他参与主体实现共同发展。

（2）强链接关系，影响组织绩效的因素由内部转向外部，从而推动这种协同网链上各个节点的价值溢出，包括内部价值溢出和外部价值溢出。

（3）技术创新与普及的速度加快，驾驭不确定性成为管理的核心。协同加快了协同主体之间的信息交流与沟通，加快了技术的传播扩散，从而进一步提升协同主体的价值产出。

（4）组织不再具有"稳态"结构。协同的结果形成了一种竞合关系，这有可能成为昙花一现，也有可能成为长期战略联盟的协同，主要取决于协同主体之间的现状及其内在特征和特性。

（5）"共生""共赢"成为未来企业发展的进化路径。协同的目的是共生与共赢，单赢的协同一定是短暂的，也形成不了真正的协同。真正的战略联盟式的协同一定是共生与共赢的。

在这样的时代背景下，协同的概念已经得到了学界和实践界的广泛重视，关于协同的相关问题也成了现实而热门的研究问题。相关的研究，包括研究的方法论及针对特定领域、行业形成的协同研究也非常多，而且随着 IT 技术、分析工具、研究理念的不断发展，协同的研究也在不断地向前发展和深入。

1.2 研究目的

笔者希望通过本研究探讨长期战略协同的动力机制以及协同的溢出效应，使参与协同的主体或参与协同的要素能更有效地协同，从而产生更好的效益或更大的溢出价值。

（1）协同的背后一定受利益或价值驱动，而且在协同的过程中一定有其变化的内在规律，对此进行分析和研究可以更好地指导协同联盟的建立。

（2）协同是为了更好地发展，建立协同的数学模型，通过理论模型的分析和计算对协同的效果进行预估，为协同提供理论依据。

（3）通过协同的实证研究可以检验协同机制与协同效应理论研究的科学性、正确性和合理性。

（4）通过分析系统间协同的情况和效应，可以为系统的高效投入提供理论支持。

1.3　研究意义

1.3.1　理论意义

从 20 世纪 90 年代至今，协同管理理论的研究和成果实践日渐丰硕，经济全球化的浪潮以及信息技术的革新使协同逐步朝着国际化、全球化的方向发展。

首先，随着全球产业分工体系的不断演进，协同的形式与内容始终在变化，对应的协同理论研究同样呈现动态的变化特征。在世界经济发展的大潮中，协同的构建与形成呈现出不同的时代特征，具有代表性的成功案例如"一战"前的英国以贸易全球化构建产业协同，"二战"后的美国以资本全球化构建协同，欧盟成立后以政治经济一体化构建发展区域协同，等等。当前，全球正处于大发展、大变革、大调整之中，新一轮的技术和产业革命正在酝酿，新的发展动力不断聚积，全球各国的利益深度融合，和平、发展、合作、共赢成为时代趋势。与此同时，国际发展中的深层次矛盾长期积累，未能得到有效解决。

其次，全球经济的持续低迷，投资和贸易活动减少，经济全球化遭遇挫折，发展不平衡问题日益严重。为了解决这些问题，世界各国正在努力寻求解决方案，并制订了许多发展战略和合作计划。但是，由于各个国家及其企业相互依赖，单靠一个国家或一个企业，很难有效地应对复杂多变的全球性挑战。只有通过建立互信、互惠、互利的关系，充分发挥各国企业的核心竞争优势，并将其应用于全球范围内的经济活动，以及整合资源，才能够实现真正的共赢，从而促进世界的和平、稳定和可持续发展。"一带一路"的构想虽然最初由中国提出，但它的实施需要国际社会的积极参与。"一带一路"跨国区域协同将不同地域、不同资源禀赋、不同发展阶段、不同文明衔接在一起，形成了一个开放包容的国际合作网络，为各国共同打造全球公共产品提供了广阔的平台。"粤港澳大湾区"以"一国两制三关税"的协同和合作为基础，是历史产物中新的全方位协同情况的代表。

最后，协同管理是现代企业管理理论发展到一定阶段的产物，同时也是一个在变革中不断发展和完善的成果实践。简而言之，研究协同管理，其目的就是使参与协同主体的整体价值增值，而整体价值增值的实现又依赖于协同网链上各个节点的企业或主体的相互协同和合作。进入 21 世纪，人们逐渐认识到了协同运作的重要性，即使各个节点的企业能力都很出众，但如果无法实现整个网链的对接融合，或者个别节点企业出现了无序状态，协同的整体绩效就会受到严重影响。要想在激烈的市场竞争中长期立于不败之地，单单提升个别节点的竞争力是远远不够的，必须提高所有协同主体的竞争力，而这一举措的关键是实现各个节点企业的无缝融合对接，包括产业、资金、人才、信息、技术等全方位的协同。而如何设计实现共赢的协同机制成了当今学术界、政商界专家学者深入研究的重点。

1.3.2　实践意义

理论研究只有和实践相结合才有生命力，才能体现其价值。自从协同学创立以来，学者们用协同理论对产业协同、区域协同、资本协同、人才协同、信息协同等各方面做了很多有意义的实践研究，也取得了丰硕的成果。随着社会的发展，新的问题不断涌现，协同学的应用研究还有无限的发展空间。

本文在理论研究的基础上，选取地处粤港澳大湾区的广州市的跨境电商和跨境物流的协同情况展开了相关的实证研究，反思发展过程中的经验和教训，具有重要的实践意义。

哈肯（H. Haken）的协同学理论为自然科学的发展带来了巨大的进步。虽然协同学理论已经开始应用于社会学领域，可以帮助我们解决许多棘手的问题，但它仍存在着许多挑战。由于协同学无法完全解释人类活动的复杂性和多样性，从而限制了它的实际应用。基于协同的背景进行区域和要素等协同一般性的理论展开深入的系统研究，可以丰富和发展协同的相关理论。同时，笔者也希望进一步拓展协同学理论的应用范围，为业界实践提供有价值的参考。

1.4　研究内容

协同的本质是"系统"思维观和"流"思维观的协同效应。按照研究领域的不同，协同可以被划分为横向和纵向两种。横向协同涉及多家企业在同一水平上的合作，而纵向协同则涉及产品的整个生命周期，涉及上下游供应链中的各个环节，若它们之间的联系更加紧密，则可提高整体的效率和效益。

企业的协同包括内部、外部以及跨部门的协同。这些协同方式各有特点，例如，内部协同涉及各个组织之间的合作，而外部协同则涉及跨部门的合作。

根据协同管理的层级，可将其划分为战略层协同、战术层协同和操作层协同三个层面。战略层协同是协同管理中层面最高的管理模式，也可以称为组织层面的协同管理。战术层协同处于较高的水平，它涉及策略性的决策；而操作层协同则处于最低的水平，它涉及技术性的实施。在协同的过程中，会有多种多样的"流"，如信息流、物流、商流、资金流以及人文流。

本书从五个方面展开协同的分析和研究。

（1）协同的战略分析。长期协同在理论上可以看作一种多赢的战略联盟，分析和研究在协同的过程中参与协同的战略合作关系是如何建立的、相互之间是如何作用和协同的，并分析协同的生命周期和变化的规律。

（2）协同的溢出效应。分析和研究区域协同带来的价值溢出，这部分价值不仅仅局限于协同参与者之间的价值，还包括协同后的各种流扩散到系统以及系统之外带来的价值，以此为基础建立协同机制和协同效应的解析模型，为下一步的分析提供数学建模的基础。

（3）协同的机制研究。协同不是简单的叠加，而是有机的融合，在融合过程中需要应用一定的机制，才能保证协同效应的实现和溢出，该部分分析和研究如何实现这种良性协同的机制，其中的重点是对协同平衡点的求解和性质分析。

（4）协同效应的实证研究。在巴斯扩散模型的基础上，通过回归分析模型对协同的内外部价值溢出系数以及内外部价值溢出的影响系数进行参数辨识，在此基础上计算协同的综合溢出价值。对系统协同的有序度、熵权重进行计算，并以此为基础计算系统的协同度。

（5）在以上分析和研究的基础上，以地处粤港澳大湾区内的广州市为背景，对其跨境物流和跨境电商的协同进行实证分析和研究。

1.5　研究方法与技术路线

1.5.1　研究方法

本书对协同效应的研究主要是从系统理论、统计和回归分析、契约理论和创新扩散理论等角度展开的。

（1）系统理论。据古希腊文献记载，系统一词最初用于描述一个由若干元素组成的有机整体。我们通常将其定义为：由若干元素按照一定的结构连接起来，并且具备某些功能的有机实体。因此，供应链网络可被视作一个由若干元素按照网状结构连接起来的有机整体。其由供应商、制造商、分销商、零售商、配送商、顾客等不同决策主体构成，并不断与外界进行着物质、能量和信息的交换，信息流、物流、商流、资金流和人文流使各决策主体之间相互联系，共同完成输入原材料、输出产成品和最终服务的整个过程。在系统理论中，系统的整体性、关联性、等级结构性、动态平衡性和时序性是它的核心特征，它们不仅反映客观规律，而且也提供了一种科学的方法，使得系统研究更加深入和全面。系统理论科学的发展分为两个不同的阶段：第一个阶段，在第二次世界大战前后，控制论、信息论、一般系统论等理论的出现，使得人们开始深入探索系统的结构与功能；第二个阶段，耗散结构论、协同论、超循环论等理论的出现，使得人们开始关注自组织系统的研究。从系统理论的视角来探索供应链协同，可以让一个处于非平衡状态的开放系统以物质和能量的形式与外部环境相互联系，并且可以自动地调整时间、空间及功能的有序程度。

（2）统计和回归分析。统计和回归分析方法是研究的基础，研究获得的基础数据要经过清洗和整理，将获得数据中的奇异点（例如新冠疫情对贸易的冲击，导致特定时段的数据异常）剔除。为了找到样本数据的规律，可以进行描述性统计，计算样本的均值、方差、标准差、中位数、众数等描述样本基本特性的指标。可以运用经济学、管理学的逻辑，确定指标之间的因果关系，即确定哪些变量是被解释变量、哪些变量是解释变量；通过回归分析来确定变量之间的影响系数和程度，建立回归方程，通过回归方程预测被解释变量的变化趋势。在回归技术中有普通的最小二乘法（Ordinary Least Square，OLS）、极大似然法（Maximum Likelihood Estimation，MLE）、非线性最小二乘法（Nonlinear Least Square，NLS）等，在不同的情况下，采用不同的、合适的回归方法才能获得比较好的效果。

（3）契约理论。契约理论旨在探讨不同合同当事人之间的经济关系以及它们如何影响双方的利益。它通过假设条件的简化，建立模型，以便更好地分析和推断这些关系，从而获得更准确的结论。契约理论包括激励理论（Incentive Theory）、不完全契约理论（Incomplete Contract Theory）和新制度交易成本理论（The New Institutional Transaction Costs Theory）。契约旨在确保双方之间的协作、沟通、交流，为实现帕累托最优解提供必要的信息、激励措施，从而确保双方的利益得到充分考虑并尽量避免出现不良后果；旨在解决双方利益最大化和信息不对称带来的问题，提高合作主体的整体效益和效率，避免双边际效应（Double Marginalization）和牛鞭效应（Bullwhip Effect）。用契约理论研究协同，是为了设计出基于契约协调的信息共享机制，从而提高协同中各相关决策者之间的协同度，提升协同网链整体的运作效率。

（4）创新扩散理论。创新扩散是一种基本的社会变化和演化的过程。在这个过程中，创新的信息或技术会有意无意地向外扩散，周围的个体也会有意无意地模仿和学习，在这种模仿和学习的过程中，参与主体也会得到提升。这种创新扩散的过程遵从一定的扩散规律。巴斯（Frank M. Bass）提出的巴斯扩散模型（Bass Diffusion Model）以及他的扩展理论为我们提供了一种可靠的方法，可以帮助我们判断哪些新产品或技术值得采纳和传播。

1.5.2 技术路线

研究的技术路线是先提出研究的问题，包括研究背景、研究目的和研究意义，在此基础上对研究主体的协同机制和协同效应进行分析和研究。

在分析问题阶段，先进行文献梳理，并对梳理的文献进行评述，找到研究的路径和方法，建立相应的数学模型，对模型的特征进行分析。

在解决问题阶段，先从巴斯扩散模型入手，建立协同的扩散模型，分析协同模型的平衡点及其性质。

建立基于巴斯扩散模型的协同模型，通过回归分析和数据转换得到系统协同内外部价值溢出的系数以及内外部价值溢出的影响系数，在此基础上计算系统协同的综合溢出价值，并计算系统协同的有序度、熵权重以及协同度。

在实证分析阶段，以地处粤港澳大湾区的广州市为背景，抽取了其在2014—2021年的跨境电商和跨境物流的数据作实证分析，用模型的实证分析结果来解释和说明一些现象和问题，以检验模型的科学性、合理性和可操作性，具体的技术路线见图1-1。

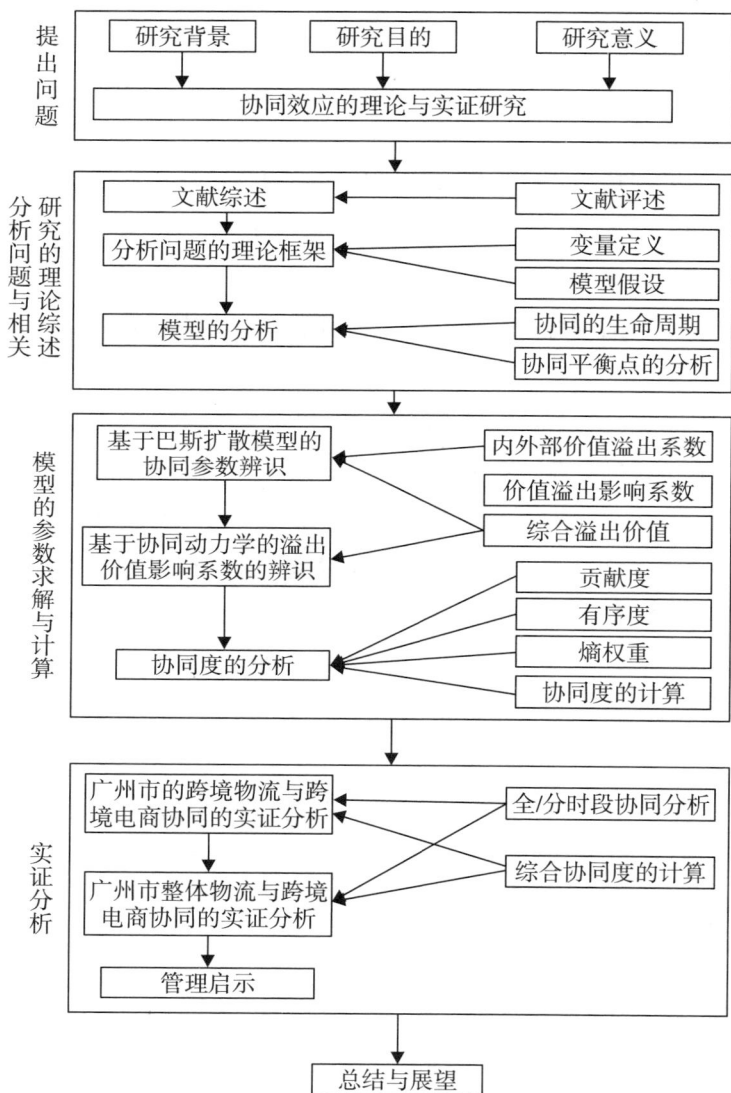

图 1-1　技术路线图

2 文献综述

2.1 协同学与协同管理理论

2.1.1 协同学

协同学（Synergetics）源于古希腊语，意为"协调合作之学"。最初只限于研究非平衡开放系统在时间、空间方面的有序性和规律性。协同理论（Synergy theory）是德国物理学家哈肯（1977）于 20 世纪 70 年代提出的，最早应用于激光等物理学研究，并且还涉及计算机科学和系统科学等相关研究领域。协同学理论旨在探索不同类型的子系统如何通过协同作用来来实现宏观的有序性，并揭示它们如何在外部因素的推动和内部因素的影响下以自组织的方式形成时间、空间和功能的有序结构。这一学科的目的是更好地理解和掌握这些有序的结构，并更好地预测它们的发展趋势。哈肯认为："协同学的核心内容是探讨是否存在支配生物界和非生物界结构和（或）功能的自组织形成过程的某些普遍原理。当代协同学的'硬核'是不稳定性、序参量和伺服过程的基本原理，同时介绍必要的数学知识，使人们能够处理从硬科学到软科学的各种复杂系统，应用数学的方法研究各自领域中的具体问题。"

研究协同的重点在于探索超越平衡状态的开放系统，它们可以通过内部的协调机制，实现时间、空间和功能的有序变化。这一理论借鉴了系统论、信息论、控制论、突变论等现代科学的最新成果，并且通过对统计学、动力学、热力学等学科的综合应用，深入挖掘结构耗散理论的精髓，从而更好地理解系统的变化规律，这提供了一个更全面的视角来解释协同理论。多维相空间理论（Graham，1987）为我们揭示了一个复杂的过渡，即从微观层面到宏观层面的转换，并且给出了一套完整的数学模型和解决方案，以此来描绘不同系统和现象之间的相互关联。

协同理论的主要内容可以概括为三个方面：协同效应、伺服原理和自组织原理。

（1）协同效应是指由于协同作用而产生的结果，即在复杂开放系统中大量子系统相互作用而产生的整体效应或集体效应（Korotayev，2006）。各个自然和社会系统之间存在着密切的联系，它们的相互影响和相互作用为形成一个有机的整体提供了强大的推动力。当外部环境的变化超出一定的阈值，以及物质的聚合状态发生变化，各个子系统之间便会自发地发挥它们的联合效应。在关键状态中，协同作用可以激活系统，使其从混沌（Chaos）状态转变为有序状态，并且可以构建一个稳定的结构，这表明系统具备自我调节的特性。

（2）伺服原理是指快变量服从慢变量，序参量支配子系统的行为。它从系统内部稳定因素和不稳定因素间的相互作用方面描述了系统自组织的过程。它的实质是规定了临界点上系统的简化原则——"快速衰减组态被迫跟随缓慢增长的组态"（Gray，1988）。也就是说，当一个系统面临极端变化，其运动特征和表现形式往往只由少数几个集体变量来决定，比如序参量。但是，这些序参量也能够对系统的其他变量产生重要影响，正如协同学的创始人哈肯所说，序参量能够改变整个系统的结构，从而推动它的发展，甚至改变它的未来。

（3）自组织与他组织不同，他组织指系统中的各个子系统是根据外部指令建立起来的，自组织指的是系统在没有外部指令的条件下，这些子系统可以根据预先设定的规则来实现它们的目标。这些子系统都具有内在的、独立的、可控的特征。自组织原理指出，当受到外界能量、信息以及物质的影响，系统中的各个子系统可以相互配合，从而创造出具备特定时空、功能和特性的新的组织架构（Eckhorn et al.，1988）。

协同学的根本概念是生命或非生命的开放系统，各个子系统之间通过非线性的相互影响和协同作用，在特定的条件下可以达到一定的临界点，从而使系统发生自组织，形成新的有序结构，使其在时间、空间、性质、功能等方面都发生根本变化，从而实现系统的发展和演化（Basar，1976）。新结构次序产生的关键不是热力学的平衡状态，也不是远离平衡状态的距离，而是众多子系统的非线性相互作用的状况和结果（Dettmar et al.，1985）。

协同学的"自组织"指的是一种基本的、较高层次的、可操纵的、可调节的机制，这些都是由"涨落"所描述的。此外，"涨落"还将影响系统有序性的关键因素定义为序参量，而其他则被定义为控制参量。这些序参量不仅能够控制各个子系统的行为，还能够为其提供必要的支持，从而使它们之间的协同得以实现（Narici，1990）。通过对系统的自组织能力的评估，我们可以明确其发展方向，从而确保系统的高效运行。系统的有序过程及关联性如图2-1所示。

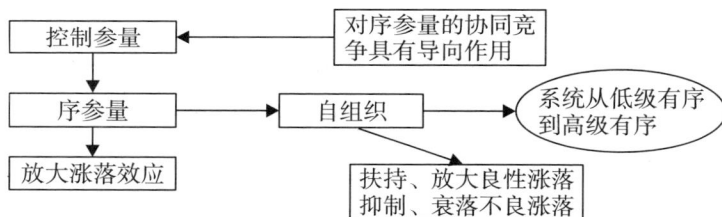

图2-1　系统的有序过程及关联性

哈肯认为，协同学的三个基本原理是不稳定性原理、序参量原理和役使原理。其中，不稳定性对于新旧结构之间的转换起着至关重要的作用，由此产生了序参量，并由此推导出役使原理。

（1）不稳定性原理。协同学是一种研究系统结构演化规律的学科，它以不稳定性原理为基础，探讨系统中新旧结构之间的交替，并从相变机制中提出界定不稳定性的概念。不稳定性是一种重要的媒介，它可以影响系统的演化过程，并且可以提升系统的稳定性和可持续性（Barlow，1961）。从这一特定角度来说，协同学就是研究不稳定性的理论。

（2）序参量原理。哈肯的协同理论认为序参量原理是一种动态的过程，它可以帮助我们更好地理解系统的相变。在这个过程中，我们需要考虑到各种不同的变量，包括慢驰变量和其他重要的变量，这些变量都会影响系统的相变。

（3）役使原理。役使原理也被称为支配原理，是指当系统处于自我调整的状态时，一方的行为会影响到另一方的行为，从而导致另一方的行为发生变化，改变原本的行为模式，进而形成新的行为模式。

协同学的三个基本原理之间存在着差异，但也存在着一定的关联性：如果系统的控制参量被恰当地调整，系统就可能发生线性的不稳定。有关变量可以分为两类：稳定和不稳定。利用役使原理可以消去快变量，而在不稳定点上，序参量支配着系统的行为，从而导致系统发生结构演化。

2.1.2　协同管理理论

与协同相关的研究主要是从经济学理论、组织理论、经营管理理论等方面来展开的。不同的研究是从不同的细分视角来入手的，提出的协同策略也观点各异，差异比较大。可归纳总结为以下三方面：

（1）经济学理论以基本的经济学假设为前提，认为协同的问题产生于不确定性、信息不完全性、有限理性以及不同决策行为导致的冲突，按照经济学研究的模式和范式，往往将协同变为实现均衡或者达到帕累托（Pareto）最优的过程，即系统中没有一个变差，但是至少有一个变好。

（2）组织理论以组织结构的自适应、自组织等基本假设为前提，认为协同的问题来源于组织任务的不确定性、协同规模的大小、利益分配的冲突、协同中业务之间彼此的相关性和不同组织的管理形式及效率、效果的差异。组织理论认为，协同往往通过组织协同、组织内关系和资源依赖等方面来推进协同。

（3）运营管理的基本分析工具和原理是经营管理理论的基础，经营管理理论认为协同问题产生的主要原因是信息不完全、动机不兼容、利己和决策分散化。因此，从经营管理理论的观点出发，协同问题可通过信息共享、适当的激励政策、具有竞争性的定价策略和具有"双赢激励"效果的契约等措施来实现和解决（Akcornak et al.，2009）。

以上这些相关理论既相互区别又相互联系，它们从不同的角度对协同作出了解释。本研究所指的协同机制和协同效应，主要指在协同中各个子系统（各交易决策者或合作关联企业）的运作都必须受到共同的"游戏规则"（能使协同系统实现最优所需遵循的法则）制约，此规则肯定不是协同节点上所有决策者或合作关联企业都充分认可的模式。因此在区域协同过程中就需要自组织和被组织的相互协调、共同合作，而且还会受到来自内外环境及各交易决策者或合作关联企业的原有惯性等诸多因素的影响，其中有些影响因素会越来越明显地主宰整个系统演变的方向，即序参量的形成过程。序参量一旦形成，协同中的各个子系统都要受其支配，协同优化的特点是能够科学地找出支配协同的序参量，通过调整控制参量向序参量施加一定的外部压力，从而使得协同系统能够根据事先设定好的方式达到最佳的状态，最终实现从被组织到自组织的转化。

随着研究的深入，协同理论研究拓展到管理学方面，这一领域的研究随之引发了一次管理思想的变革，协同管理理论由此建立，并且得到推广。美国管理学家 Ansoff（1957）于 20 世纪 60 年代从战略管理的角度提出了协同管理的经济学含义，并借用金融学投资收益理论深入分析了协同管理的含义。日本战略学家 Imai 和 Itami（1984）从协同效应和互补效应两个方面对协同管理进行了深入分析，从而进一步完善了协同管理理论。波特（Porter，1991）的研究指出了企业竞争的优势来自企业的协同管理，以此增强各项业务行为间的紧密关联；利用好供应链（Supply Chain）、价值链（Value Chain）、产业链（Industrial Chain）可以更好地抓住这种协同的机会。Weston（2016）也通过研究提出了自己的协同管理理论观点，企业的兼并是通过协同效应来提高效率的。而协同效应主要体现在两个方面，分别是管理协同效应和营运协同效应。

相关研究均表明，协同学是一种重要的管理理论体系，它以协同学的基本思想和方法为基础，深入探索管理对象之间的协同规律，并以此为指导实施管理。其实质是利用相关的研究方法和技术工具协调多个单元为同一个目标，共享资源、共同努力，从而实现协同一致，达到 1+1>2 的效果（David，2000）。在企业管理领域，其实质是指企业利用前沿技术提供一整套跨企业合作的整合方案，帮助企业内部及外部的关键联系伙伴共享信息，从而实现决策、业务流程、作业顺序等方面的优化和效率、效益的提升；整合各方的优势共同开发全新的产品、拓宽销售市场、联动深化售后服务，进而提高整体的竞争优势，实现协同方的"共赢"（Hamilton，1984）。

2.2 协同研究的方向

目前关于协同理论的研究日益增多，张鹏（2019）使用 Citespace 和 Pajek 进行区域发展协同的知识网络与图谱分析，发现协同领域研究的主要焦点分别是协同创新、协同发展、区域协同和产业协同，以下主要从协同创新、区域协同、产业与协同以及产业协同几个方面进行综述。

2.2.1 协同创新的研究

Ansoff（1957）首次将协同概念引入企业多元化的领域，他将其定义为不同部门之间的有效沟通和合作。Freeman（1991）则将"协同"和"创新"结合起来，更深入地探索企业的发展模式。国家创新系统实际上是技术、组织以及制度的协同创新，自此以后，国内外学者开始对协同创新进行全面而深入的探索。Persaud（2005）认为，协同创新是指为了提升企业创新能力，由多个参与者基于研发（R&D）合作而进行的协同过程。Srivastava 和 Gnyawali（2011）指出，企业要想增强技术能力优势，必须把技术与内部资源等创新协同起来，以此推动突破性的技术创新。

胡品平、袁剑锋、翟钺（2018）以知识价值的提升为核心，主张由企业、政府、知识研发机构、中介机构以及消费者等各方共同努力，形成一个全面的、有效的、综合性的创新组织架构，以推动重大的科技进步。

将目前已有的研究结果进行整合，可以得出企业协同创新是企业与供应链企业、高等院校、相关企业、科研机构、中介机构和政府在企业的创新活动中，通过创新因素的耦合，形成单个因素无法实现的总体协同效应的过程。相对于普通的创新模式而言，创新行为的协同效应、行为主体间的知识交流、技术转移、协同的价值溢出创新是协同创新更为强调的方面。

在当下开放创新的环境中，对创新模式探讨的重点已经慢慢转变成创新资源集成化和主体协同化。因此，在资源、环境、文化和制度等方面，都需要各个创新行为主体进行不同的协同创新来实现（Richardson，1972）。当前，学术界正在深入探讨不同的协同创新主体、市场结构如何影响协同创新模式，以及这种模式如何改善企业的创新表现，从而提升企业的竞争力和创新绩效。学术界对协同创新效应的研究关注较少，尤其是协同创新模式对协同创新效应的影响研究更为少见。实际上，协同的本质是更多的价值溢出，而非创新本身。此外，尽管已有文献从企业内外因素对协同创新效应的内涵进行了相关探索，但鲜有关于创新过程中协同机制与协同环境作用的研究。而且研究企业协同创新的国内外学者主要关注理论层面，而定量和实证研究则相对较少。近年来，针对协同创新的实证研究逐渐多了起来（Ohmae，1993；Asheim，1997），研究的结论在经济发展的过程中起到了很好的指导作用。

2.2.2 协同创新的内涵

关于协同创新的内涵，不少学者提出了他们的看法。Roekelt（2015）认为协同创新可以理解为集群创新企业与外部环境的相互竞争、制约、协同和受益，是由一个复杂的、非线性的相互作用形成的整体协同效应的过程，这个过程是一个企业仅依靠自身无法实现的。Kaneva 等（2019）认为协同创新是企业以竞争和合作为基础开展的一种联合创新活动，它不仅是产品或市场开拓创新，同时也是研发合作创新。Cooke（2020）认为生产性服务业与制造业协同创新是指生产性服务业与制造业的协同，是通过复杂的、非线性的交互作用形成的整体协同效应的过程，一家企业仅靠自身是无法实现这个过程的，这一观点其实和 Roekelt 的观点是相似的。范斐等（2015）认为从国内外的实践来看，协同创新多为组织（企业）内部丰富知识（思想、技能、技术）的过程，而且这些知识也会主动或被动地向外扩散。周灿、曾刚、曹贤忠（2017）认为通过协同创新，企业、政府、高校、研究机构、中介机构以及消费者等多方力量联手，能够形成一个跨越地域的创新组织体系，从而推动重大科技的创新发展。汪良兵（2009）将区域科技政策协同创新定义为区域各个政策制定主体（区域内各个省、市、县级政府），通过上级指令或自发意愿实现科技政策制定上的相互协作，实现政策目标、标准、力度等方面的协调一致和有机配合。曹清峰（2018）认为政府、企业、大学、研究院所这些创新主体间的协同、创新价值链上的协同与空间网络上的协同是协同创新内涵的核心。

　　然而，协调发展的核心思想是参与者们应该建立一个多方参与的、多层次的网络结构，并且必须遵循"帕累托改进"原则，从而达到有效的资源配置。因此，协同创新和协调发展实际上都涉及多方参与的网络结构，是一个复杂的、多元化的社会组织。因而从网络外部性视角分析，协同的创新与协调发展要更具针对性（Eeonomides，1996）。李琳（2015）认为，城市群区域协同创新系统是一个更高级的形态，它旨在促进各个城市和城市群系统之间的协同发展，提升创新能力。这一系统允许物质、知识、信息、技术和创新人才的自由流动，并通过资源整合来提升系统的效率和效能。因此，城市群协同创新可被视作一个有机的、可持续的发展进程，它将不同城市的创新活动结合起来，通过创新能力的提升，将多个创新元素有机地结合起来，形成一个具有跨越性的创新网络，从而达到"1+1>2"所提倡的协同创新综合效果。

　　综上所述，学者们分别从不同的角度界定了协同创新的内涵，如从组织与环境关系、协同创新的过程和实践等角度进行总结等。这些研究结果表明协同创新是不同的主体为了共同的利益，通过各种手段或途径共同创新的一种群体行为。但是，如何高屋建瓴地形成一种高度共识的、规范的定义似乎还需要深入研究。同时，我们也需要关注协同创新的外延界定，防止出现过于泛化的现象。

　　目前，国内外学者主要围绕产学研的协同、协同创新网络和协同创新效应等对协同创新进行深入的研究。

2.3　协同创新的研究路线

2.3.1　产学研方面

学术界对于产学研协同方面的研究成果颇多，主要集中在协同动机方面，如一些学者认为参与协同创新的主体旨在获取最新的、最先进的技术，以实现互补和协同发展；Hamilton（1988）的研究表明，高校通过参与协同创新不仅能够获取更多的资金投入，还能够有效地推动技术的实际应用，并将其转换为实际成果；Rycroft 等（2017）通过与企业进行产学研合作，发现产学研可以增强企业的自主学习能力，并有助于提高企业的经营业绩。一些学者深入探究了协同模式与行为之间的关系，如 Bonaccorsi（2017）的研究发现，不管采用何种形式的产学研合作，实施的结果都取决于大学对其资源的投入、签订协议的持续时间以及双方之间的正式关系；Ring 等（2015）通过对产学研合作的深入分析，发现不同参与者在行动上存在显著的差异，并探讨了其背后的原因。此外，Fan 等（2016）阐述了基于知识链（Knowledge Chain）的产学研协同创新进程中，重要的知识活动及其相互作用的关键步骤是如何被有效地组织起来，从而形成一个完整的知识管理（Knowledge Management）路径的。齐亚伟（2015）经过深入分析发现，中国各省的三大创新主体之间存在着密切的科研交流和合作。为了更好地评估其效率，他使用了超效率数据包络分析（Data Envelopment Analysis，DEA）和网络 DEA 模型对中国各省的产学研协同创新效率进行了研究。研究的结论如下：

（1）在共生系统中，研究机构、高等院校和企业单位三大主体的创新能力存在巨大差异，这种差异在各地区表现得非常明显，导致差异的原因有区域经济、文化、资源禀赋等的不同（Asheim，2005）。

（2）忽略共生因素的影响，我们可能会得到一些错误的结论。然而，通过对地区间协同创新耦合度的评估，我们可以发现那些获得更高评分的地区通常是经济发达、科研水平更高的地区。相比之下，西北地区的耦合度评分较低，这一结论可以明显看出区域禀赋不同带来的差异（Capello，1997）。

（3）目前，共生模式尚未完全实现一体化，大多数城市仍处于点线共生的状态，而各地区也将朝着"正金字塔型"的方向发展，最终形成"倒金字塔型"的格局。

2.3.2　协同创新网络方面

关于协同创新网络方面，部分学者研究了创新网络的构成。Kaneva（2019）认为协同创新是一种由产业、科技、金融、教育、医疗、媒体和社会组织组成的复杂的跨界合作关系，它能够促进各方共赢。Wang 等（2018）利用中国生物医学实体共同发明的专利数据建立了一个跨地域、跨学科的协同创新网络，以探究技术溢出效应在这一网络中的调节作用。黄金川、林浩曦等

（2017）认为，企业系统创新的网络包含网络中的所有组织和机构，诸如政府、科研院所、高等院校、金融机构以及企业等，这些组成元素在市场的作用下形成了较为稳定的相互作用关系，通过开放创新网络，可以聚集优势并将其转化为知识和技术的溢出效应。王钺、刘秉镰（2017）认为，在当今快速发展的知识经济时代，企业之间的协同创新已成为一种不可或缺的条件，因为随着各种产品和技术的不断更新，建立起一个有效的协同创新网络已经成为企业之间的共识。在这种情况下，协同创新无疑是企业发展的最佳选择，也是企业在竞争激烈的市场中取得优势的关键所在。解学梅等（2009）研究发现，通过建立企业、中介机构和政府组织之间的协同创新网络，可以实现跨界合作，推动企业发展和提升竞争力，能够对企业创新活动产生正向影响。解学梅（2013）认为协同创新网络的大小影响着企业的创新活动，当企业之间的竞争更加激烈，协同网络的同质化程度越高，其对企业的创新活动的影响也就越大。Bergek（2008）认为，协同创新是新企业势在必行的选择，共同创造的核心原则是"参与人创造有价值的经验而增强网络的经济学"。Nelson（1982）认为认知程度、组织形式、社会、文化和机构支持等因素，对产业协同创新项目有着重要作用。叶斌等（2016）的研究表明，关于中国创新网络研究的前沿，通过对突现词的检测、近期经典文献的深入分析及专家的建议，我们可以得出未来研究的重点将放在：从协同创新的角度探讨区域协同创新的网络；从空间演化的角度探讨区域空间的关联和共生演化；从多维邻近的角度探讨跨区域协同创新的网络。杨伟中（2019）认为：中国应当加快构建以中心城市为核心、城市群为支撑的国内区域创新网络，深入融合国际资源，形成具有中国特色的全球创新网络，并采取积极有效的政策措施，促进创新网络的发展和完善。朱惠斌（2014）为促进区域创新建立了一个协同创新网络，深入探讨了知识流动的重要性，并提出一系列有针对性的政策措施建议，以期有效提升区域创新的成果。研究发现，当协同创新网络具有复杂的结构、多元的参与者和多样的知识形态时，知识的流动会对创新的成功产生积极的影响，这种影响是由双方的优势互补所产生的。

综上所述，企业协同创新网络的建立对于企业的创新和创造活动会产生重要的影响，协同创新网络的质量也会对企业产生较为直接的作用。因此，如何保证协同创新网络的高效运行是协同网络中各个参与主体必须面对的重大课题，这对于协同创新网络的治理尤为重要。

2.3.3　协同创新效应方面

关于协同创新效应方面，Williamson（1999）研究发现，地方政府之间的制度壁垒和协议不足会对区域协同创新产生不利的影响，甚至可能产生消极的结果。Fagerberg（2017）认为都市圈协同效应的形成受到创新主体之间的知识传播和各种创新因素相互作用的影响，既有正面的协同效应，也有负面的协同效应。解学梅等（2009）提出多维协同创新模式（战略联盟模式、研发外包模式、要素转移模式）、协同机制（成本利益分配机制、技术互补机制）和协同环境（市场环境、宏观经济政策环境）对协同创新效应有积极的影响。何春、谭啸等（2017）建议采取政策措施加强区域协同创新，以提高效率并促进正向溢出效应，包括：①政府鼓励和引导各种形式的区域合作，以促进创新参与者之间的紧密联系和协同发展。②因为人才是协同中最为积极、最为活跃的要素，因此要利用人才的潜力充分发挥其在科技创新中的重要作用，以实现溢出效应。③完善协同创新溢出效应的相关制度与政策，使协同的主体能享受到协同溢出效应的红利。官卫华、叶斌等（2015）的研究表明早期设立的国家级新区已经在一定程度上促进了区域发展，但大多数新区仍未能发挥出应有的协同作用，阻碍了区域发展的进程，主要原因是后来的国家级新区协同的溢出效应存在边际效应递减的问题（Cooke，2000）。未来，为了充分利用地区潜力，我们将深入研究并借鉴国家级新区的成功模式，特别是在促进人口、资源流入、区域协调发展等方面，努力实现更加均衡的发展。

协同创新效应指的是在实现共同战略目标的同时，通过整合各自的资源，让系统发挥出更强的效果，尤其是在增强协同效应的互补性和外部性方面，创新效应最为明显。对于企业而言，合理地配置人力、设备、资金、知识、技术等创新资源能够分散创新的风险、获得超额的利润。然而，处于复杂系统中的企业，其协同创新效应不仅取决于企业所拥有的创新资源，还取决于企业与其他创新主体进行创新时所选择的模式。首先，从战略联盟的角度来看，企业可根据自身的特点和所处的环境选择合适的联盟对象，以弥补自身资源的不足，实现创新主体的协同效应。其次，在激烈的市场竞争环境下，企业竞争的焦点是对专利技术的所有权而非对市场与原材料的控制。企业内部的研发活动不仅能够直接产生企业发展所需要的技术专利，还能提升企业吸收和利用外部技术专利的能力，即企业在利用自身技术专利的同时，可以从竞争对手、政府、供应商、大学等外部创新主体获得创新所需要的技术和专利。因此，企业可以通过技术专利模式最大限度地分享及使用内部的技术专利并整合外部的技术专利资源，以提高创新效率，实现技术知识的协同效应。再次，企业可以采取外部投资的方式与其他组织签订协议，将价值链的研发工作转移到对方的手中，从而提升效率和竞争力，减少企业的资源浪费，帮助企业将资源集中于培育自己的核心业务，以降低创新风险，提高研发速度，实现资源最优匹配的协同效应。最后，企业可以通过要素转移模式整合企业的内外部资源，实现创新要素的全面整合，使资本、技术、人才、信息等关键要素在创新行为主体之间高效流动和合理配置，实现创新要素的协同效应。综上，尽管不同协同创新模式的行为主体性质以及资源交换与共享的方式存在着很大的差异，但创新主体之间的协同和要素之间的有效匹配催生出了协同创新效应。

2.4　区域协同发展

研究区域协同发展有五个重点：含义、影响因素、评价、机制和战略。这些都将有助于我们更好地理解和实现区域协同发展。

2.4.1　区域协同发展的含义

根据目前的研究，大多数学者认为，区域经济的协同发展应建立在相互依赖、开放和共同发展的基础上，并努力减少区域间的差异。如 Zysman（1983）认为通过建立一个有效、可持续、可调节的区域协同关系，使不同地区之间能够建立起一个相互依赖、相互调节、相互促进、可持续发展的系统，从而实现地区的可持续发展；Ruchkin（1988）认为随着区域间经济交流的不断加强，彼此的依赖和发展也变得越来越紧密，形成了一种互动性的关系，这种关系有助于促进各个地区的经济可持续发展；陈小卉、钟睿（2017）认为实现省际区域协调发展的关键在于促进落后地区与发达地区的经济发展，从而实现彼此的共同进步。因此，区域协同发展可以被视为一种区域经济的协同发展，它旨在促进各地区之间的经济互补和共同发展。除了这一点，还有一种观点认为，区域协同发展是指在一个地区内，经济、社会和环境等各方面都能够平衡发展，避免出现不足。如白俊红、蒋伏心（2015）认为在区域经济发展中，空间系统、人口、产业结构、资源环境、社会发展等各个方面都需要协调一致，以实现经济的动态协调发展。这种协调发展不仅有助于提高经济效率，也有助于促进可持续发展；赵雨涵、宋旭光（2017）认为要以实现区域协调发展为目标，努力实现公共服务的均等化，使不同地区的人民都能享受到相同的公共服务，从而共享国家经济和社会发展带来的成果和福祉。

2.4.2 区域协同发展的影响因素

随着时代的进步，影响地区协调发展的各种因素不断变化，其中最重要的是传统的限制性条件，即财政、人才、地理、文化、历史等。而最新的技术和创新手段正在推动这些因素的转型，从而促进地区的共同繁荣。Llinás（1989）研究表明，创新要素的流动不仅能够直接推动当地的协同创新，而且还能够通过间接的方式产生积极的影响，从而极大地改善当地的经济社会环境。此外，它还可以激发更多的空间溢出效应，从而推动周边地区的协同创新水平的不断攀升。Goto（1982）认为，外国直接投资（Foreign Direct Investment，FDI）在中国经济中扮演着重要的角色，特别是在促进区域协调方面。它不仅有助于中国经济的增长，而且还能够推动地区间的发展。Richardson（1972）研究表明，地区之间的人力资源差异对促进区域经济的和谐发展起着至关重要的作用，甚至可以说它们是第二大因素，仅次于自然资源。朱凯（2015）经过深入探索发现地理位置的不同是造成当今全球工业化发展差距巨大的主要原因。毛金祥、张可（2018）的研究表明，中国历史上的战争在不同的地理位置上都产生了巨大的影响，例如黄海和淮海平原曾经是当时的经济落后地带。此外，他们还发现随着时间的推移，在当今的世界，信息、科技和生态环境正在成为促进中国区域发展的关键因素。张绍丽、郑晓齐等（2016）认为随着信息技术的发展，东部地区的经济发展迅猛，而西部地区的工业基础更加完善，这给中部地区的发展带来了巨大的机遇和挑战。陈景帅、张东玲等（2018）与康海媛、孙焱林（2018）认为随着科技的飞速发展，它已经成为推动区域经济增长的关键力量，因此，充分利用新技术革命带来的机遇，将对区域经济的持续发展产生重大影响。王钺、刘秉镰（2017）认为我们必须强调生态环境对于区域经济的重要性，一旦生态环境被破坏，该地的经济增长将会受到严重影响，甚至无法实现经济的良性发展，这也是"绿水青山就是金山银山"的道理。贺玉德、马祖军（2015）认为随着时代的进步，传统的影响力已经不再能够有效地推动中国地区的发展，相反，新兴的信息、科技和生态环境等因素则可以直接或间接地对其产生重要的影响。

2.4.3　区域协同发展的评价

学者们通过建立一套完善的指标体系来评估区域协同发展，以此来衡量该地区经济、环境、人口、资源和社会之间的协同程度。衡量区域经济发展的三个重要指标包括人均可支配收入，基本公共产品和公共服务的普遍性，地区发展的稳定性。因此，研究这三个领域的发展状况，对于更好地促进区域经济的协调发展具有重要意义。Cumings（1987）研究表明，亚洲的政治、社会和工业发展对人口、资源和环境的协调发展起着重要作用，并且在经济和环境方面都有着显著的影响。王兴平等（2015）、徐杰等（2013）、方创琳等（2017）研究发现，长三角地区的人居环境、经济发展、社会发展等都存在着一定的差异。

目前，关于协同发展的评估方法存在差异，这反映出人们对协同的概念、影响因素和实施方式的不同看法。然而，目前的研究大多偏重传统的财政和人力资源因素，而忽略了文化和历史等新兴因素，并未有效地将协同水平和发展水平联系在一起，导致我们只能获得单独的地区经济协同的数据，无法确定地区协同能否推动全国的经济和社会的全面发展，也无法确定地区协同能否推动地区的整体发展。

2.4.4 区域协同发展的机制

实施区域协同发展的关键因素包括市场、政府和企业三类经济主体，这种观念已被广泛认可，然而，就如何充分利用这三类资源促进区域的可持续发展仍然存在分歧。

一些人认为，我们必须高度关注市场对于推动地区协同发展的重大影响，以实现可持续发展。如 Freeman 等（1997）认为构建一个健全的市场机制对于促进区域协调发展至关重要，中央政府大力投资基础设施建设、财政转移支付，加上各级政府积极争取资金，使得计划经济的模式得到了彻底的改变。也有一些人持有不同的看法，认为政府在促进地区合作方面发挥了至关重要的作用。如 Archibug 等（2005）通过对区域管理体制和机制的深入分析，提出了一系列改革措施以促进区域协调发展。这些措施包括在国家层面和行政区层面上实施改革，并在实践中不断创新。还有观点认为，政府和市场在促进区域协同发展中扮演着重要的角色，其作用不可忽视。如生延超、张丽家（2017）通过对政府特别是中央政府在区域协调发展中的贡献的深入分析，得出政府应当充分利用多种政策措施，包括但不限于经济、法律、行政等来推动地区经济健康发展的结论。赵增耀、章小波、沈能（2015）借助外部性理论，构建出一个区域间的相互影响模型，该模型表明区域间的相互影响呈现出乘数关系。因此，我们可以深入研究区域经济一体化、区域合作、区域补偿政策等协调机制的运行原理及其实施效果；郭先登（2018）认为为了达到经济可持续发展、环境保护和区域均衡发展的目标，我们必须加强市场体制的建设，推动跨地域治理，优化协调参与，消除体制障碍，改变以 GDP（Gross Domestic Product）为主的评价机制，鼓励区域经济合作，完善发展规划体系，并充分利用财政政策的引领作用。葛金田（2015）认为区域协调发展的机制体系是一个复杂的金字塔状架构，其中包括市场、空间组织、合作、援助和治理等多种因素，它们各自发挥不同的作用，共同推动着区域的协调发展。杨振山、吴笛、程哲（2018）通过对四大湾区的协同机制分析得出政府和市场在湾区的协同区域发展方面有同样作用的结论。总之，市场、企业和政府都起着重要的作用，这一点是不容忽视的。方创琳（2017）认为，为了促进区域经济的健康发展，需要建立一个有效的协调机制。其中，市场机制扮演着至关重要的角色，而企业机制则负责应对市场交易成本的增加，并为其提供替代方案。此外，政府也应该加强对市场的监管，确保其正常运行，并努力解决市场失灵的问题。只有通过建立和完善三种机制之间的有效协调关系，充分发挥它们的作用，才能确保区域经济系统的稳定发展和可持续发展。

2.4.5　区域协同发展的战略

研究区域协同发展的战略具有重要的实际意义,因此,在整个区域协同研究中,战略研究占据了重要地位。为此,本研究将从多个角度进行深入探讨,以期获得更好的结果。

第一,要素和商品市场化。通过实现区域内资源的有效配置和商品的自由流通,可以有效地推动区域经济的协调发展。Galliano 等(2015)认为,在不同地区之间,通过引进人才、投入资本、提供劳动力和引进先进技术,促进商品和服务的交换,并实现产业的转型升级,将有助于促进地区的协调发展。Meijers 等(2016)认为通过推动资源的有序配置和可持续利用,以及培育和发展本地的特色产业,可以使当地经济在全国、本地的市场中取得更大的经济增长和社会福祉。徐洁(2017)经过对长三角地区的深入研究发现,市场一体化有效减少了对区域协调发展的阻碍,大大提高了跨省区协调往来的效率,使得跨省区的市场一体化成为当前的重要任务。

第二,区域产业协调发展。国子健、钟睿、朱凯(2020)认为,在当今经济全球化的背景下,区域协同发展的核心在于促进各个地区之间经济、技术、资源的共享与互利。其采用博弈论的古诺模型,以纵向和横向的方式深入探讨了各种经济合作的影响机制,并得出结论:要实现区域间经济、技术、资源的共赢,必须充分利用外部资源,积极推动各种经济活动的开展,以促进各个地区的经济和社会的发展。毛金祥、张可(2018)的研究表明,生产集中化的趋势与区域协同发展之间存在着一定的冲突,即由于资源的分散、产业集群的形成以及资源分布的不均衡，导致了区域的发展不协调。因此，为了解决这一问题，我们需要开拓新的产业领域，充分利用当地资源，并开发出独具特色的产业和产品，以实现可持续发展。夏丽娟、谢富纪、付丙海（2017）认为为了推动地方经济的可持续发展，我们应该积极把握国内外产业的趋势，精心挑选出最具竞争力的地方主导产业，同时灵活调整外商投资的政策，使其能够更好地融入当地的经济环境，形成一个完善的、可持续的、充满活力的地方产业格局。

第三，区域空间结构优化。王珍珍（2017）研究发现中国的地区经济结构由"三大阶梯、四大板块、三驾马车、三类病灶"组成，"区域政策覆盖区"和"政策点击区"理论则是针对不同地域的特定情况提出了一系列有针对性的改革措施，以期能够有效缓解当前的困境。崔新健、崔志新（2018）认为产业和地理位置对于区域经济的发展至关重要，它们的交叉作用和影响使得这两种结构变得更加紧密，从而促进了整个地区的经济增长。水常青、郑刚、许庆瑞（2004）经过实证分析发现，随着社会经济的不断发展，南方的经济增长速度远超过北方，尤其是非国有经济的增长、区域产业的转型、固定资本的投入、市场的完善以及社会的发展等方面表现得非常明显。为了消除地区间的差异，推动全球经济的均衡发展等，政府应该加强对区域的管控，充分利用市场机制，推动生产要素的公平配置。

第四，制度和政策措施。主要观点认为政府应当采取更加积极的措施，包括实施地方性的经济发展战略、加强法治建设、完善社会福利体系，以及建立一个更加公平、公正的市场环境。刘贯春、乔标（2015）认为城市层级体系协同模式的构建和相关政策支持机制可以促进城市之间的差异性结构的互补，促进多样生产要素的流动，从而拓宽经济增长的空间，提高协同发展的经济效益，最终实现城市群的全面竞争优势。张晓云等（2017）认为地方政府和产业部门应该以多种方式来确保实现国家的经济发展目标，并且彼此互补，避免某一方的缺失。Abramovitz 等（1994）认为应通过采取有效的产业政策，建立起完善的产业地区分工体系，加强各地区之间的协同配合，推动共同发展，使市场经济的运行更加有序，各地的资源配置更加均衡，从而减少区域间的经济差异，达到协调可持续的发展。

2.5 产业与协同

2.5.1 产业与协同的理论基础

哈肯（1977）提出了一种新的理论，他将产业与协同有机地结合在一起，并将其划分为三个方面：协同效应、伺服原理和自组织原理。这一理论为当今社会提供了一种更全面、更深入的视角。哈肯认为协同可以被视为一门复杂的交叉学科，它探索了多个子系统之间的相互影响，从而形成一个复杂的、具有自组织特征的宏观空间和功能架构，并且可以深入探讨多个完全不同的子系统在整体上的协同效应。二元经济结构理论指出，不同地区、城市和乡村在经济发展和产业选择上存在显著差异。发达地区更倾向于投资资本密集型和技术密集型产业，而落后地区则更依赖物质资源来推动劳动密集型产业的发展。因此，二元经济结构理论可以说是一种有效的解决方案，可以帮助我们更好地实现经济的可持续发展。

Knacks 和 Keefer（1997）研究发现，区位理论、平衡发展理论、增长极理论、产品循环发展模式理论和技术梯度理论对于推动区域经济的可持续发展具有至关重要的作用，并且可以为产业协同理论的实施提供有力的支持。卞元超、吴利华、白俊红（2018）借助资源禀赋理论、产业转移理论和产业集聚理论，建立了一个完整的三次产业协同体系，以满足不同行业的需求。杨省贵、顾新（2011）认为，产业结构的演变规律、区域布局理论、新制度经济学以及政府的监管机制，为三次产业协同发展提供了有力的理论支撑。戴魁早、刘友金（2016）认为马克思主义的分工协同理论为我们指明了一条可行的道路，它不仅涉及人类社会的生产发展，还涉及改变传统的生产模式，推动经济的进步，从而实现协同的目标。毛磊、谢富纪、凌峰等（2017）提出随着中国经济的不断发展，跨地域的产业生态经济系统的协调发展不仅可以有效地保护生态环境，延长企业的寿命，提升企业的价值，而且能够促进经济的快速增长，从而给中国带来积极的影响。此外，除了动态支撑理论、熵变理论、产业关联理论以及三次产业与协同机理，一些学者还将其他理论纳入了产业协同理论的研究范畴，以深入探索其背后的原理。

2.5.2　产业与协同度方法研究

研究人员可以利用多种度量技术，比如灰色关联度模型、空间计量模型、耦合协调模型、复合系统协同度模型和哈肯模型来评估产业与协同发展的成效，从而更加准确地预测未来的发展趋势，并能够及时采取有效的调整措施。灰色关联度分析技术被广泛应用于各行各业，它能够准确捕捉到行业的变化趋势，为未来的发展提供重要的参考依据。其中，灰色关联度分析方法是最常用的方法，可以有效地反映出产业发展的趋势，从而更好地指导未来的发展。高丽娜、宋慧勇、张惠东（2018）通过使用灰色关联度分析，研究了广西北部湾地区2007—2010年三大产业的内部结构。他们将这些产业作为参考，并将它们的增长率进行对比，同时测量了第一、第二、第三产业对GDP的影响程度。李海东、王帅等（2014）通过灰色关联理论，选择了六个重要的经济因素，并从总需求和总供给两个维度深入探讨了京津冀地区物流业的发展和其与经济之间的相互影响及协同作用。彭继增等（2015）通过灰色关联度分析研究了江西省产业结构与GDP之间的协同关系，以及它们之间的相互影响。安树伟等（2017）采用灰色关联度分析方法，通过对京津冀地区的经济和产业结构的深入研究，探讨了三大产业的产值、就业、固定资本投资等方面的协同发展水平，建立了京津冀地区产业协同发展的模型，并对其进行了系统性的实证研究。吴晓研、路世昌、兰玲（2018）通过对2007—2017年河北省的统计数据分析，建立了一个全面的评估指标体系，以深入探讨区域物流和区域经济的协同发展，以及它们之间的相互影响，从而有效提升两者的效率。同样地，贺玉德、马祖军（2015）通过应用 CRITC-DEA 方法和灰色关联理论，对 2009 年至 2015 年四川沿海地区的面板数据进行了定量分析，并评估了这一时期各个领域的发展情况以及它们之间的相互作用。

一些学者在做研究时也用了其他的度量方法，如 Basar（1983）通过脉冲响应函数和方差分解技术，深入探究了中国工业与第三产业之间的协同发展模式。李星宇、曹兴、马慧（2017）经过对多种分析方法的综合考量，深入探究了四川省三次产业协同发展的现状及其影响因素，并基于此提出了有效的政策建议。戴魁早、刘友金（2016）通过对 2010—2015 年中国高技术产业创新进行数据分析，引入了复合系统协同度模型，以此为基础构建出一套完整的中国高技术产业协同创新理论体系，其中包括了多个要素和结构。李琳、雒道政（2013）应用哈肯模型分析了 1992—2001 年和 2002—2011 年 29 个省市经济协同发展的推动力，并识别出不同阶段的参量。陈悦、陈超美、刘则渊等（2015）应用非参数统计分析方法（Bootstrap-DEA）和模糊数学隶属度的理论建立了一个复杂的评估模型，用来衡量中国工业产业集聚与区域经济竞争力之间的协调发展情况。傅为忠、李孟雨（2016）通过编制区域投入产出表，准确地衡量了京津冀地区的经济发展水平，并从中发现具有较强影响力的产业和相应的感应度系数。

此外，还有学者利用统计学的方法深入研究了这一问题。如藏欣昱、马永红等（2017）通过对 1998—2011 年中国省际数据的空间面板计量分析，探究了影响产业协同度的各种因素，并结合相关文献进行深入评估。张鹏（2019）通过对重庆、上海、杭州、天津四地的数据进行分析，深入探究了它们之间的产业相似度，并评估了它们之间的经济联系强度和经济隶属度，从而更好地反映这几个经济区的产业集群特征。刘凤朝、马荣康、姜楠（2013）经过研究，建立了一个用于评估中国十一个省（区、市）在 2007—2012 年海陆战略性新兴产业之间的耦合程度和协同能力的指标体系。周叶等（2018）通过综合应用多种方法，准确地估算了 29 个不同地区的知识密集型产业的协同程度，并将其划分为不同的领域。此外，他们还利用回归模型研究影响这些产业协同程度的各种因素。

从近几年的研究结果来看，衡量协同度的方法十分丰富，灰色关联度分析方法被广泛用于探讨三大产业的协同关系，实证分析被广泛用于构建模型和评估体系，以更好地反映不同产业和要素之间的协同程度。

2.5.3　产业与协同状况研究

产业和协同发展的影响力可能涉及许多不同的领域，其中最重要的是三个不同的产业、不同的行业和不同的地区。研究结果也证明了这一点。

（1）关于三大产业的协同状况。三大产业协同促进经济发展，但不同地区的协同发展是不均衡的。Basar（1983）强调，三大产业的协同发展可以促进经济增长，并且这些产业之间可以建立起一种健康的联系，从而达到 1+1>2 的增长效果。通过提高供给与需求的匹配度，可以使各个行业都得到更多的利益，从而达到经济的高效增长。Knacks & Keefer（1997）提出，在三大产业协同发展的过程中，存在着三种不同的机制：一种是技术的进步机制，它促进了产业之间的联系；另一种是分化机制，它影响着产业链的发展；还有一种是衍生机制，它促进了产业链的延伸，使得三大产业能够协同发展。实现三大产业协同发展对经济发展具有重要意义，但在实施过程中仍然存在着诸多的挑战和困难，需要我们共同努力，才能取得最终的成功。如徐杰、段万春、张世湫（2013）指出，中国的区域经济发展差距巨大，中西部地区的工业发展明显落后于东部地区，而大多数地区仍处于发展的初级阶段，从而导致了三大产业协同发展的基础和条件存在显著的不平衡。这种不平衡不仅表现在中国的区域经济层面，更表现在每个省份的产业结构中。汪彬、陈耀（2015）的研究表明，北京地区的三大产业之间具有良好的协同效应，并且具有共同的增长动力。然而，天津地区的三大产业却存在着较大的差异，第一产业的发展大部分来源于劳动力的投入，而第二、第三产业的发展则更依赖于政府的财政投资以及其他各种经济活动的支撑。尽管资本要素的投入可以在一定程度上促进产业的增长，但仅凭此无法有效地推动经济的可持续发展。傅为忠、李孟雨（2016）采用熵权法和变异系数法，建立了京津冀城市群发展指标体系。研究发现，京津冀各城市发展水平存在一定的差距，其中，绿色发展、开放发展的差距有所缩小，而协调发展、创新发展和共享发展的差距则日益拉大。

尽管各省市的三大产业协同发展取得了一定的进步，但仍存在着协同水平不够高、不够稳定的问题。贺玉德、马祖军（2015）认为，四川省的经济发展模式一直遵循"一二三"到"三二一"的规律，第三产业的经济效益不断攀升，与第二产业的经济效益相当，而第一产业的经济效益却在逐渐减弱。尽管第三产业的经济效益有所下降，但第一产业和第二产业的经济效益仍在稳步增长。宋旭光、赵雨涵（2018）研究发现，四川省的三大产业取得了长足的进步，但其产值仍然落后，人均生产总值也远远不能与东部地区相比，此外，四川省的主要经济支柱仍然停留在低附加值的传统制造业，未能实现从低端到高端的转型，这使得四川省未来的经济竞争更为激烈。毛金祥、张可（2018）指出，经过实证分析，都江堰第一、第三产业的发展状况总体上呈现良好的趋势。1997—2019 年，第一产业和第三产业之间的协同程度有所提升，但仍存在一定程度的不稳定性，这表明第一产业和第三产业之间尚未形成有效的协调关系。宋旭光、赵雨涵（2017）经过分析发现，安徽省的三大产业的就业结构与资产结构、产值结构存在着明显的灰色关联，特别是 2000—2010 年，第一产业的增长率与劳动力从业率的关系最为密切，其中第二产业的增长率也有着显著的影响，而第三产业的增长率几乎没有明显的变化。

多位学者的研究结果显示，虽然部分省市的三大产业协同度表现良好，但仍有许多不足之处，比如地区发展的不平衡、与经济发达国家和地区的发展存在差距等。因此，要想实现经济的持续发展，必须加强三大产业的协同，并且要建立健全政策制定机制，以促进经济的可持续发展。因此，实现三大产业的协调发展对于促进经济增长至关重要，并且具有巨大的潜力，值得学术界给予更多的重视和关注。

（2）关于产业空间的协同状态。近年来，许多学者都致力于探索不同地区之间的产业协作，特别是西部地区、成渝经济区、京津冀地区和北部湾经济区。然而，这些研究的重点仍然是京津冀地区的产业协作。吴晓研、路世昌、兰玲等（2018）研究表明，北京作为一个区域性的中心城市，正在朝着后工业化的方向前进，"服务主导、科技主导"的高端化趋势在天津和河北的发展中都表现出了明显的差异：天津以第二产业为主，第三产业发展迅猛，未来可能超越第二产业，并表现出以重工业和高新技术为主的特点；而河北则处于工业化的中期，第一产业的发展仍然占据着突出的地位，其他产业的发展也在不断提升，为天津和河北的发展奠定了坚实的基础。第三产业发展缓慢，并且依赖于传统的服务业。孙铁山（2016）通过对京津冀地区与长三角地区的深入分析发现，这两个地区的产业结构存在显著的不同：京津冀地区的第一、三、四产业占据了更高的比例，而第二、四产业的占比却相当低。北京市的第三产业占据了全国的主导地位，河北省的第一产业占据了全国的主导地位，而天津市的第一、二、三产业的发展均处于较为稳定的状态。黄群慧、叶振宇、姚鹏（2017）和孙树伟（2017）研究发现京津冀地区的经济发展取得了长足的进步，北京、天津、河北三地的工业化水平也大幅提升，形成了多元的产业格局。这三地的地理区位优越，交通便利，资源丰富，产业结构多样，形成了良性循环，使得京津冀地区的经济发展更加均衡、协调。京津冀地区的协同发展已经成为国家的重要战略，加快推动三地之间的产业融合，将有助于实现京津冀地区的一体化发展，雄安新区也受到了广泛关注和期待。

自 2014 年起，京津冀的协同发展受到中央的高度关注，并迅速成为一个热门话题。然而，由于各地的差异和发展的不平衡，实现产业协同发展显得尤为迫切。因此，我们应该根据当前的实际情况，深入探讨如何在京津冀地区建立产业协同，以期达到经济的均衡发展。

跨企业协同是指某个行业中的公司在整个生命周期中通过合作实现共赢，其中包括战略协同、生产协同、创新协同、管理协同、销售协同等。产业内企业间根据产业性质和分工等进行产业链条的协同，其核心理念是通过发挥不同企业的专长，在产业链条的各个环节密切合作、共享知识信息、共担风险、共获利益，使各方取得更大的收益，提升产业的附加值。

跨企业协同的理论动机和协作模式有两种基本形态。其一是产业价值链理论模式。企业通过整合上下游企业，使其能够生产和销售同类产品，这样就可以提高专业人员和机构的效率，从而形成经济学上的外部规模经济效应。迈克尔·波特于 1985 年在《竞争优势》一书中提出"每一个企业都是在设计、生产、销售、发送和辅助其产品的过程中进行种种活动的集合体。它们相互联动、相互制约、相互依存，上下游环节之间存在着大量的信息、物质、资金的交换关系，是一个价值增值过程"。波特（1991）

在其著作《动态的战略理论》中明确提出，通过精心设计的价值链，企业能够有效减少运营成本，增强竞争力，从而获得更大的市场份额。对于某一特定产业来说，若该产业内的各个企业处于凌乱孤立的分散状态，即各企业间没有有效的分工和协作，那么由于缺乏有效的产业价值链协作，这一产业就无法取得成功。通过分工协作和整合，产业价值链可以获得灵活、差异化和成本优势，这是各个产业价值链协同效应的基础。产业价值链模式通过组合价值环节和分工协作，建立起一道有效的流动壁垒，阻止其他竞争者进入，从而实现规模经济效应，提升企业的竞争力和效率，并减少合作企业之间的进入成本以及实现资源共享和知识溢出效应，从而使产业内跨企业之间的竞争力持续存在。

其二是资源能力基础理论模式。企业资源包括了所有的资产、能力、组织流程、企业特性、信息、知识等，这些资源分为物质资源、人力资源和组织资源三类。随着市场的多元化以及分工更加明显，任何企业都很难在全部领域内拥有资源的绝对优势，资源的获得和提升又受到企业自身路径依赖的困扰而变得异常艰难。这时，依托产业内其他企业从外部来获取资源显得尤其重要，跨企业协同自然就盛行起来。企业之间的协同效应体现在它们可以把市场上难以获取的多样性战略资源结合在一起，从而最大限度地发挥出它们的价值。这也正是其他企业所面临的挑战，因为它们没有足够的资源去实施自己的战略，从而使得产业内跨企业协同的企业获得超额收益。

另外，跨企业协同的资源共享是相辅相成的。更重要的是，它们之间的位置差异使得各个企业的资源分布处于不同的水平，只要将这些资源有机融入一个网络中，就可以实现资源的优化配置，形成有效的市场竞争格局，最终带来超额的收益。

（3）关于产业间的协同状况。所谓跨产业间协同是指两个或两个以上的产业原本是在各自独立的产业系统内进行升级演化，向产业间的相互促进的方向发展，来实现共同演进方式的转变，从而成为一种以互惠双赢或多赢为运作模式的新型演化发展系统。跨产业间的协同是依托产业之间具有高渗透性、高关联性和高度产业融合性的特征来互相提升产业的竞争力。通过以上对产业协同理论的综述可以看出，国内外对具体产业之间如何进行协同的研究较为丰富，如传统产业与高科技产业协同发展、区域内主导产业与非主导产业间的协同发展以及三类产业间协同发展等研究都属于该范畴。

研究显示，战略性新兴产业与传统产业有着紧密的关联，它们能够互相促进，取得共赢，这有助于实现经济社会的整体及长期发展。因此，在实施产业协同的过程中，战略性新兴产业的研究显得尤为重要，它们利用最前沿的技术，结合当前的市场需求，努力打造出一个拥有高科技含量、低能耗、高增长潜力、高综合效益的产业，以满足社会不断变化的需求。研究显示，将战略性新兴产业与传统产业紧密联系起来，将会打造出一条可持续的发展之路，这将有效地改善和优化产业结构，促进经济增长，促进社会进步。这种联合发展的模式将会给传统产业带来更多的机遇，并对未来的发展产生重要的影响。Freeman 和 Soete（2009）认为，战略性新兴产业的发展不仅促进了传统产业的转型升级，而且还为传统产业提供了新的发展机遇，使其能够更好地满足市场需求，实现融合协同发展。夏海力、叶爱山、周霞（2019）认为，辽宁省新兴产业与传统产业的协同发展具有重要意义，它们之间的相互作用机制可以为双方带来积极的影响。新兴产业可以提升传统产业的竞争力，而传统产业也可以为新兴产业提供支撑，因此，应当采取有效措施实现新兴产业与传统产业的有机结合，以促进辽宁省的经济发展。

　　一些学者深入探讨了战略性新兴产业的集群协同发展，他们认为，创新可以极大地推动这一领域的发展。梅长春、齐晓丽（2019）分析得出，通过建立价值链、知识链和物联网三种协同发展的渠道可以实现战略性新兴产业的有效整合，并且可以构建出三种不同的模式：单核、双核、星形。刘凤朝等（2013）从系统分析的角度来看协同创新的特征及其影响，从多个层面进行解释：通过建立有效的协同平台，可以促进各方之间的能力匹配，推动价值创新链的有效运行，在技术与市场的融合过程中，取得最佳的绩效，从而构建起一个具有战略意义的新兴产业创新网络。马腾等（2018）从演化博弈的角度进行研究，认为创新对战略性新兴产业集群的发展起着至关重要的作用，而且，通过协同创新可以有效地增强其自主创新的能力，极大地提升其创新的效率。

　　许多学者都在研究如何实现海洋和陆地产业的协调发展，因为这两个领域之间存在着密切的联系。蒋天颖、谢敏、刘刚等（2014）通过研究发现，浙江省的海洋第一产业与陆地的经济活动有着紧密的联系，而陆地的第二产业则受到了海洋经济活动的极大推动，其中，海洋第一产业对第二、第三产业的贡献率更为显著。范斐等（2016）认为，11 个沿海省份的海陆产业共生关系表明，早期的海洋产业与陆地产业的交互作用是不可避免的，但随着时间的推移，这种关系逐渐变得更加均衡，2011—2014 年，7 个沿海省份的海陆产业实现了对称的互惠共生。白永秀等（2022）研究发现，除海南省外，其他省市的耦合发展水平都处于不断变化的状态，广东省的海陆战略性新兴产业系统间的耦合协调发展取得了显著的进步，从初期的不足到现在的优秀；河北省的耦合协调发展仍然落后，存在着明显的失衡现象；而其他省份的情况则相对稳定，只有少数地区出现了轻微的失衡。

关于对高新技术和知识密集型产业的研究，熊璞等（2019）发现中国的高科技产业的创新主体和外部的创新环境都在不断改善，但是整个创新体系的协调性仍然不够理想，存在着较大的波动。不过，创新主体已经开始成为推动这个体系发展的重要因素。范斐、张建清、杨刚强（2016）通过对 29 个地区的协调度调查，把知识密集型产业的协同程度划分为五类：尚未实现协同发展的、正在努力推动协同发展的、正在努力推动协同发展的初等水平、正在努力推动协同发展的中等水平、正在努力推动协同发展的高等水平。

研究结果显示，从三大产业协同到具体的产业协同，它们之间的协同水平均较低，而且各地的发展也有所不同。为了推动产业协同，实现经济的持续健康增长，我们必须持续努力，加强各领域间的合作，共同推动产业的发展。

2.6 产业协同影响因素的研究

学者们对产业协同的影响因素进行了深入探究，他们提出了许多新颖的见解，包括外部发展环境、政策制定、经济发展基础、价值溢出、产业协同的集聚效应以及多种因素的协同发展，以期更好地推动产业协同的发展。

2.6.1 外部发展环境及政策体制

李敬、陈澍等（2014）提出，"路径依赖"模式的出台直接影响了中国三大产业的协同发展；资源生产要素的价格扭曲、体制不完善，削弱了三大产业协同发展的效果。因此，必须采取有效措施加强对外部因素的改进和完善，以促进三大产业协同发展。张伟丽、叶信岳、李栋（2019）提出，在当今世界，由于全球产业链各个环节的财富分配不均、低碳经济的威胁，加上体制改革的障碍和产业政策的不当，三大产业协同发展的挑战变得异常艰巨。蒋伏心、华冬芳、胡潇（2015）经过空间面板计量分析发现，尽管传统产业依旧面临着巨大的能源消耗和污染，但是环保法律法规的实施仍未能阻止这些行为的发生。另外，政府对新兴产业的资金投入并未起到明显的促进作用。

2.6.2 经济发展基础

赵楠（2014）认为三大产业协同不仅能够改变供应结构，还能够激发需求，提升供应，这两者共同作用能够为实现经济的高质量发展提供强大的支撑。为了实现这一目标，我们必须采取创新驱动、内生增长、低碳经济的发展模式，才能真正实现经济的高质量发展。Broekel（2015）经过对澳大利亚奎那那工业区的研究发现，实现地区和产业协同可持续发展的关键因素在于可行的技术、可靠的企业以及有效的运营许可。Saidi 和 Shahbaz 等（2018）提出三大因素推动区域经济协同发展：一是地理位置优势，二是经济联系紧密，三是产业结构多样化。

2.6.3 协同的价值溢出

张杰等（2011）经过对 1978—2008 年中国工业与第三产业发展水平的深入研究发现，这两个产业的发展动力主要来源于自身，但是它们之间尚未形成有效的互动机制以促进协同发展。毛磊、谢富纪、凌峰（2017）指出，四川省的三大产业协同发展面临许多挑战，其中包括缺乏有效的协调机制以及严重的区域差异。为了更好地评估这些问题，他们建立了一个指标体系，运用主成分分析法和相关因素分析法进行探究，结果表明建筑、房地产、旅游、大型工厂等行业对四川省的三大产业协同有重大的影响。

随着经济全球化的不断深入，产业协同发展已成为保障国家或地区经济稳定健康发展的关键因素。研究和实践表明，国内外学者在产业协同方面取得了一定的成果，但是，三大产业协同、空间产业协同以及具体的产业协同仍存在着协同度不足、地区发展不均衡等问题。因此，必须加强和完善这些领域的发展，以促进经济的可持续发展。除了外部因素，如全球经济发展状况、政策体制等，还有内部因素，这些因素都会影响产业协同的发展和效率。为了促进经济的稳定和快速发展，学者们提出了一系列有效的对策，通过改进经济发展模式、优化产业结构、建立共享机制、推动产业集聚和创新，中国可以实现产业协同发展。研究表明，中国各省份或区域三大产业之间以及单一产业内部各行业之间的协同程度仍有巨大潜力可以挖掘，有望实现可持续发展。

2.6.4 产业协同的集聚效应

在产业协同对城市化的影响方面，Jaffe（1998）提出的迁移驱动模型和投入产出联系驱动模型解释了城镇化与经济互动发展的作用机理。Gray（1988）提出"城市形成模型"理论，他认为城镇化的快速成长必须依赖产业位置的选择和集聚过程，这两者是城镇化发展的重要力量，并推导出在从事经济活动中，经济主体以获得规模经济为原则选择在某一地区进行大规模生产，在这个过程中，从事经济活动的员工为了节省成本，包括交通费用和时间，会选择在附近居住，这样人口就会逐渐集中，从而发生外部效应，即集聚经济，并带动城镇化的发展。产业协同政策应在界定该区域经济专业化视角的活动领域进行，并且具有较高的增长和竞争潜力。Bonaccorsi 等（2017）多位学者针对城市产业协同的发展现状提出了新的观点，即城市产业协同的发展是区域可持续发展最显著的特征之一。Lan 和 Zhong（2018）认可协同发展是区域经济可持续发展的基础和手段，通过研究城市之间的协同经济关系以及城市经济协同发展网络在产业集聚背景下的内部结构和演化机制，指出了产业集聚可以改变经济的发展方向，并对城市的发展带来重大的影响。

随着城市的不断发展，产业的集聚对于城市的繁荣起着至关重要的作用。同时，随着城市的不断改善，其功能也在不断完善，这种双向的交流也在不断加深，使得产业与城市的发展更加紧密地结合在一起。正如赵玉林、马照宁（2018）所说，城市化是一种复杂的经济结构，其核心特点是资源的高度整合和优势的共享以及各种新兴技术和新兴行业的融合。这种结构的形成需要各种资源的共享和创新，以促进城市的健康发展。中国的领土面积辽阔，但各地的经济发展水平和城市化程度却存在明显的不均衡。因此，要想推动中国的城市化进程，就必须充分利用城市的聚集效应、产业融合及城市群的特性，从而实现可持续发展。

2.6.5 人力资本与产业协同

通过产业协同，我们能够吸引众多的创业人才，并且这些人才可以得到良好的培养。这种交流不仅促进了产业的升级，也为地方的经济增长提供了强有力的支持。因此，深入探讨产业协同如何促进创业人才的交流对于我们的工作非常重要。

国外对于人才集聚的文献综述主要集中在产业协同理论的发展。Lundvall（1992）认为人力资本的集聚可以被视为一种跨越地域的空间分布，将拥有相似技能的人才汇聚到一起，可以充分发挥他们各自的优势，从而极大地提升工作效率，降低生产成本，这样做有助于将人才的价值发挥到极致。人才集聚效果的强弱取决于当地的经济状况、地理环境、薪酬福利、居住环境以及其他多种外部因素的综合作用。Kalapouti 等（2017）发现，人力资本的集聚对于优化产业结构至关重要，它不仅有助于推动生产要素的自由流通，还能加快产业转型的步伐，从而有效地抑制经济动荡。Guan 和 Zuo 等（2016）认为，人力资本存量越多，引发知识外溢就越多，从而产生技术创新，促进技术引进与吸收。Akcomak 等（2009）研究了人力资源管理的特殊方面对产业协同的影响，他们基于对集群发展代理商、对产业协同管理者和劳动者问卷的调查研究，并使用相关矩阵检验假设，验证了人力资本对产业协同的影响。

中国对于人才集聚方向的研究主要是针对产业协同的基础理论，并结合不同的方法进行的实证研究，中国对人才集聚的研究方法较为丰富，这些方法对于解决此方面的问题具有一定的指导作用。王聪、周立群、朱先奇（2017）通过应用旋进方法论和螺旋线系规律，在实证研究的基础上，证明了创业者能够将产业协同的知识竞争力转化为资本竞争力，从而促进产业协同经济的发展。此外，他们还利用回归分析法计算出了产业协同和创业者之间的互动模式，并且可以自动校正这种模式的偏差，从而证明了产业协同发展水平与创业者孵化之间存在着长期的均衡关系和相互影响的机制。研究中国产业协同和创业人才之间的互动为我们带来了全新的视角。董微微、蔡玉胜（2018）通过对 56 个国家级高新技术产业开发区的研究，更好地理解了中国创新型产业协同的情况，其使用 SPSS 软件，运用聚类分析研究人力资本在这一过程中的作用。此外，他们还使用面板数据分析和状态空间分析研究 24 个地区的情况。结果显示，在这些研究中人力资本在促进中国高技术产业的发展方面的贡献相对较少，这可能会导致该领域的发展不足。通过科学的人力资源配置可以为中国的高科技产业的可持续发展提供强大的支撑。李婧等（2018）以杭州高新园为研究目标，通过研究不同的投资主体、不同的投资类型、不同的投资形式以及不同的投资过程来更好地理解产业协同人力资本的积累，并利用系统动力学的原理来构建一个能够准确描述这种积累的理论模型，最终得出一个有效的结论，为集群人员规模的扩张、生产率的提升以及人力资本结构的调整等方面提供了前瞻性的决策依据。何晓清（2017）根据战略性新兴产业的发展趋势，深入探讨了科技人才集聚与培养的概念、特征及其评估标准，运用回归分析研究了它们之间的相互作用，通过构建双螺旋耦合模型，揭示了它们之间的耦合互动，从而说明它们对产业发展的影响。此外，何晓清还以武汉市的新能源汽车产业为例进行了实证研究，更加深入地验证了理论分析的结果，最终提出了武汉市新能源产业的科技人才集聚与培养的有效策略，以促进其可持续发展。通过对一般战略性新兴产业的研究和分析，我们可以更好地管理和利用其中的科技人才。付保宗、周劲（2018）根据

"推—拉理论"的研究结果，清楚地看到产业协同的发展会导致产业链与人才之间相互影响。这种影响也会受到外部经济的发展水平和知识溢出等因素的促进与加速，从而使得科技人才聚集、产业发展以及其彼此的交流与合作进一步深入，进而显著增强地方的创新能力。特别是制造业和生产性服务业的聚集，可以显著促进地方经济的增长，从而推动地方的创新活动。其中科技人才的聚集比较显著，而产业协同集聚则会产生负面影响，并且存在一定的门槛效应。因此，科技人才的聚集可以有效地推动区域创新能力的提升。

对产业协同的界定是研究产业协同的基础，综合以上国内外文献综述可以得出，现在主要的产业协同的界定方法分为定性与定量两种方法。定性方法主要有：波特式产业协同鉴定法、产业协同表法、波特式案例分析法、产业协同发展指数法、区位商数法、波特钻石模型分析法等。定量方法主要有：投入产出分析法、主成分分析法、多元聚类方法、空间基尼系数等。在产业协同的研究中，中国针对螺旋线的产业协同研究结果大部分都应用到了对人力资本产业协同的研究中。

2.6.6　物联网与产业发展的协同

随着移动互联网、5G 无线通信技术、物联网和大数据的发展，互联网模式已经渗透到制造业的各个环节，从生产者到消费者，在产品链的每一个角落都能看到它的影子（佘茂艳等，2018），通过"互联网+"与制造业融合可以有效实现创新驱动制造业转型升级，并且物联网技术已经成为推动制造业转型升级的关键因素。物联网正在深刻地影响着世界，这场工业革命不但标志着一次重大的工业革命，更是制造业的一次深刻的转型，彻底颠覆了传统的制造模式，使得生产力得到极大的提升，而且还促进了工业的全面发展。随着物联网技术的飞速发展，它已经成为一种跨越行业界限、实现协同发展的新兴产业，其最重要的影响力莫过于它对制造业智能化转型的推动作用，使得制造业的效率和质量得到大幅提升（蔡跃洲等，2021）。

通过物联网产业的融合，制造业可以实现网络协同、定制化和个性化的生产，并且利用规模经济的优势，这种融合可以显著改变制造业的市场格局，从而促进其可持续发展（谢康等，2020）。随着智能制造技术的飞速发展，零部件、信息采集、交易、组织管理等方面的成本大幅降低，使得生产效率和质量得到显著改善，从而推动了产业规模化经济的发展。此外，智能制造技术的服务能力也得到了显著提升，服务范围也得到了拓展，有助于减少产业的最终规模。由于市场规模较小，竞争对手的入侵门槛较低，这有助于吸引更多的企业参与其中，减少了市场的集中度，并为市场带来了更多的可能性（王可等，2018）。通过跨界整合，领先的制造业企业能够更好地发挥自身的资源和技术优势，生产出更具竞争力的产品，从而抢占市场份额，提高行业的门槛，加强市场的集中度。同时，随着物联网产业与传统制造业的融合，市场竞争日益激烈，许多落后的企业将会面临重组、倒闭或者被收购的风险，但是，这也使得行业的退出门槛大大降低，加快了市场的整体集中度。

综合上述文献可以发现，在物联网与制造业的融合与协同中，二者之间呈现一种倒"U"型关系，一方面，制造业的发展促进和强化了物联网的需求；另一方面，物联网又降低了制造业的门槛。两者的协同过程更多显现正向的协同关系，有时又有负向的影响。

2.6.7 数据要素与其他要素的协同

劳动力和资本两要素互补可以提高资本配置的效率，缓解劳动要素的扭曲程度（谢康、夏正豪、肖静华，2020）。数据介入资本的配置过程可以减轻不完全信息的问题，解决资本要素的区域配置不协调、引导资本投资的流向，从而实现劳动力要素在现有实际情况下的优化配置（王建冬、童楠楠，2020）。数据要素与其他要素的协同可以大大提高知识溢出效应的效率，从而实现连锁、模仿、交流、竞争、带动和激励等多个环节的有效运作，从而实现溢出效应的最大化（林志杰、孟政炫，2021）。若将协同纳入考量，则各个分散的作用可以带来比单独作用更好的效果，从而提升整体效率和效果（孙兆刚、徐雨森、刘则渊，2005）。资本要素的发展为劳动力和管理要素提供了更多的资金支持，促进了生产和生活的发展，并为资本要素带来了更多的价值。数据、劳动力、管理和资本四要素的协同作用有助于促进劳动力和管理要素的协同发展，并为资本要素带来更多的增值（王京、罗福凯，2017）。通过建立有效的数据要素保障机制，实现要素之间的有效互动，促进要素之间的协同作用，从而提高协同效率，实现更大的协同效果（白永秀、李嘉雯、王泽润，2022）。各个主体在接受技术溢出效应时，其吸收能力存在差异。因此，我们需要建立一套有效的保障机制，以确保数据要素的准确性，避免出现过大差距，从而影响协同效果的发挥（于立、王建林，2020）。在协同过程中，各要素之间通过多种形式的标记和少量的数据结构进行交流，从而产生有效的信息传输，但是，由于它们之间的相互作用影响较小，因此，数据要素可以发挥其主动性，使得它们之间的耦合更加紧密，耦合方式也更加高效（蔡跃洲、马文君，2021；徐翔等，2021），促进要素互补，链接数据、技术、知识、资本、管理多要素协同（刘淑春、闫津臣、张思雪，2021）。利用数据要素的互补性和协同性，推动技术的进步，改善管理模式，激发知识的创新和转换，以及加强要素之间的联系，使得信息的传输更加有效，从而大幅度提升整体的生产力；同时，也有助于劳动力和资本的有效配置，使得粗放型和集约型的增长能够共存，为经济的可持续发展奠定坚实的基础（徐翔、赵墨非，2020；赵涛、张智、梁上坤，2020）。

以上文献从协同的理论角度分析了协同相互耦合的作用机制，在不同的领域进行了实证研究。在数据要素的作用下，分析了打通各要素的信息孤岛，提高了各要素的模仿、竞争、带动等效应的协同机理，并构建了协同的概念模型，但是多要素的协同作用机制更加复杂，暂时难以用精确的数学模型进行刻画。

2.7　文献评述

综合以上的文献，关于协同的研究主要集中在协同创新方面，学者们沿着产业路线图、产学研方向和产业要素的协同，利用网络进行协同创新，形成了一定的协同创新效应，使区域达到了协同发展的目标。学者们重点探讨和研究了产业协同度的方法，并做了大量区域协同的实证研究。在协同创新过程中，对协同的程度进行了相应的评价，并研究了如何建立评价模型，以便进一步度量协同发展的机制和发展战略。

文献也从产业影响因素的角度进行了深入探讨，并进一步分析和研究了区域协同与发展、区域协同创新效应、协同创新网络、区域协同发展战略、区域协同发展机制、产业集聚的效应以及人力资本和产业要素的协调。

文献从数据要素的角度分析了劳动力、资本、管理多要素的协同，数据要素可以提升各要素的信息透明度，也可以提高资本和劳动力的配置效率；而管理的协同可以提升资本和劳动力协同的耦合程度。

在研究方法论方面，主要是运用经济学、规模经济、生产函数、数据包络分析、主成分分析、集聚分析、资源禀赋理论、灰色关联理论和综合评价方法等分析工具和方法对协同进行了分析和研究，取得了很多研究成果。

由于协同学随着社会的发展变得越来越复杂，经济和社会的发展从原来的白箱系统慢慢地向灰箱系统发展，因此，研究的工具和手段也变得越来越复杂，不同的研究视角可能需要不同的研究工具和手段，目前的文献从网络、产业禀赋的角度进行了大量深入的分析。

本书通过梳理一般层面协同效应的文献和研究，重点分析要素的协同及其效应，从协同的价值溢出视角入手，在扩散模型的基础上对协同机制和协同效应展开相应的研究。本书基于这一视角来分析协同，并在理论研究的基础上，展开与协同相关的实证研究，以验证研究的合理性与科学性。

3 协同的动力机制分析

3.1 协同的驱动力及阶段

3.1.1 协同的驱动力

协同的驱动力来自三个方面，一是比较优势（Comparative Advantage，CA），包括区域之间、企业之间或产业之间的比较优势；二是经济联系（Economic Relation，ER），主要指依靠供应链的产供销关系将企业串联起来的经济联系；三是产业分工（Industrial Division，ID），在经济联系的基础上，发挥各自的比较优势，形成产业分工，发挥更好的效益，产生价值的溢出。三个方面在协同过程中从来不是某一个方面单独起作用的，三个方面都在起作用，只是某一方面或某两个方面发挥主导作用而已。

以区域协同为例，各个区域由于历史原因、地理区位条件、自然资源禀赋、经济发展水平和人文环境存在差异，导致各个区域的经济发展不平衡，这种不平衡会使区域之间产生比较优势。各方在发展定位的过程中扬长避短，形成区域经济发展的共生性，在这个共生平台上，彼此进行分工合作，互相联系、互相依赖，充分利用自己的比较优势，使系统产出最大化，促进区域经济的协同发展，其中最关键的是识别和利用比较优势，以及彼此竞争和合作。协同的动力一直存在，但是协同的意愿更加重要，因为在协同过程中，彼此的收益并不均衡，参与协同的区域如何衡量自己和彼此的收益取决于决策者的效用情况是保守、中庸还是冒险。如果是基于帕累托原则，这种协同作用无疑是积极进取的。以比较优势为前提的协同可以促进资金、技术和劳动力等关键生产要素的重新分配和利用，在要素的交换和配置过程中进一步优化结构，提升协同的组合效应，最终形成资源的配置效应。

经济的发展从来不是孤立的，区域内的经济主体相互之间会形成有机的联系并且实现要素共享。特别是在全球经济一体化的大背景下，区域内的产业集群、产业分工、供应链的合作都更加紧密，市场这只看不见的手推动着有形的自然资源、劳动力以及无形的知识、技术、信息整合在一起，偶尔会有政府这只手加以辅助推动，这两只手共同推动的结果是增强了区域的共生性和一体性。随着互联网和信息技术全面渗透经济生活的各个方面，人才、资金等关键协同要素的流动更为便捷，远距离的要素不再受时空地域的限制，能更自由地在广阔的空间里传播和扩散，并由微观的协同形成最终区域协同发展的学习效应。

区域经济之间既存在比较优势，也存在密切的联系，这必然导致产业的分工。随着区域经济的不断发展，它已经成为一个完整的经济体，而产业分工则是实现这一目标的关键。各个区域都要承担起自己的经济职能，并以比较优势为基础，建立起一套协同的分工机制，从而实现产业的有效配置，形成规模经济，提高协同的产出能力，实现空间集聚，达成规模经济的最终目标。

其实，其他的协同过程也离不开这几个方面的因素，因为协同是为了更好地发展，即收获更好的效果和效率，最终还是表现在协同的参与主体发挥各自的比较优势，或供应链上下游的合作以及专业分工带来更高的学习效应和规模优势，即相互取长补短。这能在协同的过程中产生更大的溢出价值。但是为了保持长久的协同联盟，彼此应力求双赢和相互促进，而非通过协同最后兼并对方。

3.1.2 协同的阶段

随着世界经济的一体化以及市场环境的复杂化日益加剧，企业的竞争意识也在发生巨大的变化。从以往的单向竞争，到如今的多元合作，协同创新一直都是企业实现长期稳健增长的关键因素。通过加强协同，联盟成员可以迅速传播技术、获取知识，并进行协作创新，从而增强企业的领先地位，提高其整体竞争力。在协同的框架下，不同的经济主体可以利用自身的资源以及彼此的相似性、共享性，在分工的基础上合作，实现价值的最大化。

协同的过程中会形成一定的组织结构来保持协同的正常运作。企业协同是从战略层面上与其他企业建立一种优势互补、风险共担、要素双向或多向流动关系的紧密型或松散型关系网络组织形式，也可以是一种有契约或无契约的组织形式协同联盟（Cooperation Alliances，CAs）。协同联盟既包括从事类似活动企业之间的横向联盟，也包括从事互补性活动企业间的纵向联盟。

在协同过程中，有一强多弱的组织形式，强势的参与主体构成协同的核心，其他参与主体围绕着这个强势的参与主体从不同的角度参与，发挥自己的比较优势、专业分工优势或供应链的联系。一些著名的大型跨国公司，例如丰田汽车、波音飞机、空客飞机在生产制造和在全世界布局的过程中就采用了这种模式。以这些核心企业为中心，成千上万的中小企业和供应商进行协同，服务于这些位于核心的主体，构成一种纵向的协同模式，在这个核心企业的引领下，形成产业集群，促进整个产业的发展和升级。除了核心企业受益以外，其他参与协同的小企业也可以从中提升自己的运营效率和技术水平，从而产生价值的溢出。同样，在制造业中，芯片是瓶颈要素，直接关乎很多产业的发展，如果其他要素的投入不与关键要素相匹配，就会造成浪费，对行业的发展不仅没有积极作用，而且还会形成负面作用和系统的负资产。

纵向 CAs 是类似宝塔式的垂直结构，塔顶是一个大的盟主区域或企业，即核心的参与主体，中间是若干大小不等的区域或企业，塔底是许多种供应链的环节单元，如图 3-1 所示。纵向 CAs 通过产品链将相关企业连接在一起，共同进行产品开发。在纵向 CAs 中，盟主节点在组织中通过指令、契约等形式发挥管理协调功能。盟主节点不仅是整个联盟与外界进行信息、物质交流的枢纽，而且能构造、指导、协调物质的创造过程。

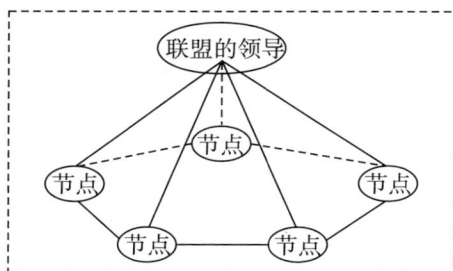

图 3-1　纵向协同示意图

　　在协同过程中，还有一种是各个参与主体彼此势均力敌，但是分别有自己的优势，结成协同联盟的目的是相互促进，构成一种横向协同和横向联盟的形式。在这种横向 CAs 中，各节点处于对等地位，通过各节点之间信息、物质的相互交流，形成联盟的自我调节以维持 CAs 的运行，如图 3-2 所示。

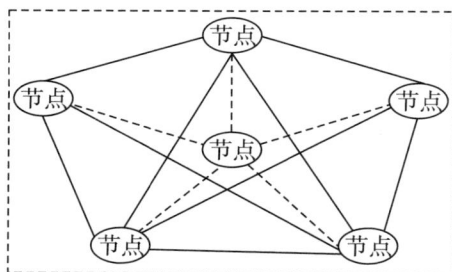

图 3-2　横向协同示意图

　　生产函数各要素的投入会对经济运行的产出有很大的影响，但是这些要素之间也存在着相互影响的情况，彼此之间需要协调，以期达到产出的最优化。人们通常采用各要素对产出求偏导的方式找到各个要素的最佳投入。

横向 CAs 是以某个优势区域、产业、大公司或大银行为核心组成的，有利于促进区域、产业或企业间的技术、金融、市场等方面的紧密合作，强化产品开发实力，降低产品开发风险。

CAs 的运作方式是通过各节点的互动行为来提高联盟创新功能、增加联盟创新价值的。对于纵向 CAs，节点之间通过产权、契约关系、法律合同、行政指令等方式进行联结，且在盟主节点的组织协调下进行协同运作。因此，纵向 CAs 可以通过盟主节点管理协调功能的实现保持 CAs 有效运行，具体可以通过设计有效激励机制规范节点的行为，激发其他节点的积极性，以降低组织运行的风险，提高组织的运行效率。横向 CAs 节点之间的协作关系、联系方式、价值实现、创新机制等不同于纵向 CAs。纵向 CAs 的网络组织结构使其形成独特的运行方式：各节点处于对等地位，通过联盟自身的自我调节功能形成 CAs 的创新价值，并为 CAs 各成员所共享。

和所有的组织形态或产品周期一样，CAs 也有自己的生命周期，对应生命周期的四个阶段，分别为 CAs 的伙伴选择阶段、CAs 的实验和探索阶段、CAs 的关系投入阶段，以及 CAs 的变更终止阶段。

（1）CAs 的伙伴选择阶段。协同形成的第一步是选择合适的合作伙伴或要素。参与主体 Ra 和参与主体 Rb 基于比较优势、经济联系或产业分工进行协同，根据其发展目标和战略意图积极寻找拥有共同愿景的合作伙伴或必需的投入要素，以弥补自身资源的不足，或通过新的市场机遇，或通过向伙伴学习提升核心能力，从而促进参与主体经济的发展，增强自身的竞争力。实质上，在这一阶段要选择与企业或产业有着相似的价值、信仰、策略或功能，能够一起有效工作的合作伙伴，以利用共同的合作成果增加联盟的竞争优势。

（2）CAs 的实验和探索阶段。CAs 的结成和组建需要一个磨合的过程，在这个过程中彼此会不断进行调适。组建 CAs 有两种方式：①参与主体 Ra 根据与其他参与主体的已有关系，寻求合作伙伴，结成协同，例如泛珠三角①。②参与主体 Ra 委托中介机构去寻求可能的合作伙伴，建立临时的企业 CAs，如上海合作组织（SCO）②。

在 CAs 结成和组建的过程中，由于市场和社会的发展，CAs 协同和运作的组织结构可能发生两种变化：①联盟内部调整。原有区域个体退出或者更具竞争力的企业或要素加入，例如新的粤港澳大湾区就是在"泛珠三角"协同运作若干年后，重新调整形成的新的 CAs。②任务调整。执行的任务内容和方式发生变化，参与主体协同资源需要进行相应的调整。例如，"上合组织"从参与主体的数量到 CAs 的工作内容也在不断变化，还有国际上的

---

① "泛珠三角"又叫"9+2"，是指沿珠江流域的广东、福建、江西、广西、海南、湖南、四川、云南、贵州 9 个省（区），加上香港和澳门 2 个特别行政区在内的 11 个地区合作，共谋发展。

② 上海合作组织（英语：Shanghai Cooperation Organization，SCO；俄语：Шанхайская организация сотрудничества，ШОС；简称"上合组织"），成立于 2001 年 6 月 15 日；是中华人民共和国、哈萨克斯坦共和国、吉尔吉斯共和国、俄罗斯联邦、塔吉克斯坦共和国、乌兹别克斯坦共和国在中国上海宣布成立的永久性政府间国际组织。

"北大西洋公约组织（North Atlantic Treaty Organization，NATO）"，其使命与任务和初期成立时有很大的不同。

（3）CAs 的关系投入阶段。该阶段是联盟成员的相互依赖性增长和利益增加的阶段，也是协同综合优势形成的阶段，以合作伙伴之间高度的相互依赖、投资和技术共享为特征。在该阶段，随着联盟效益的显现，联盟解散的成本增加，成员之间双向学习的重要性日益突出，各成员有针对性地学习合作伙伴的互补性知识和技能，使联盟过程中矛盾的解决和战略的调整更容易，增强联盟的战略柔性。

（4）CAs 的变更终止阶段。随着联盟效益的显现，形成 CAs 的成本不断增加，CAs 进入变更终止阶段。CAs 变更终止存在两种可能：一是成功终止，即任务完成、目标实现、利益分配完，CAs 趋于终止；二是失败终止，如果上述变更失败，则 CAs 提前终止。例如 1955 年签署的"华沙条约组织（Warsaw Treaty Organization）"于 1991 年 7 月 1 日就解体了；1922 年 12 月 30 日成立的苏维埃社会主义共和国联盟（Union of Soviet Socialist Republics，USSR）是一个由 15 个加盟共和国组成的国家，于 1991 年 12 月 25 日解体。

随着时间的推移，CAs 的协同意愿不断提升，协同会走向生命周期的下一阶段，直至关系投入程度最大化。随着协同价值溢出的减少，CAs 的协同的意愿也会降低，直到最后协同终止。CAs 的生命周期变化过程如图 3-3 所示。

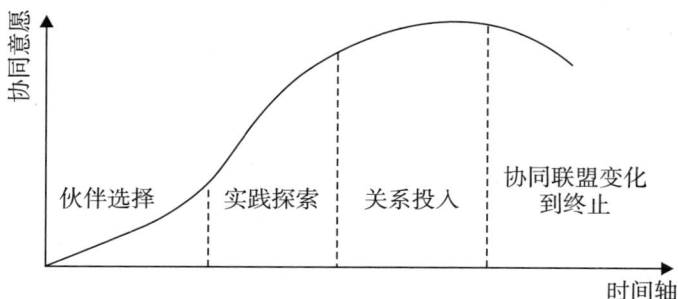

图 3-3　CAs 的生命周期变化过程

3.2　协同的资源生命周期模型

3.2.1　巴斯扩散模型

弗兰克·巴斯（Frank M. Bass）提出的巴斯扩散模型（Bass Diffusion Model）及其相关的扩展理论，为企业提供了一种有效的市场分析方法，可以帮助企业更好地识别和应对新兴的产品和技术的需求。巴斯扩散模型是一种有效的市场分析工具，它可以帮助企业估算出新兴消费群体在耐用品领域的需求，从而采取有效的营销策略。许多研究表明，新方法、新过程的发展模式可以用巴斯公式（3-1）来表示：

$$\begin{cases} \dfrac{\mathrm{d}N(t)}{\mathrm{d}(t)} = p\,[\,m - N(t)\,] + q\,\dfrac{N(t)}{m}\,[\,m - N(t)\,] \\ N(t) = mF(t) \end{cases} \quad (3\text{-}1)$$

其中：

m 表示采用者总数，即市场潜力。

p 表示外部价值溢出系数（创新系数），即尚未使用该产品的人受到大众传媒或其他外部因素的影响开始使用该产品的可能性；其定义域为 $p \in [0,1]$，即处于没影响（取值为 0）到完全替代（取值为 1）的影响范围。

q 表示内部价值溢出系数（模仿系数），即尚未使用该产品的人受到使用者的口碑影响开始使用该产品的可能性；其定义域为 $q \in [0,1]$，即处于没影响（取值为 0）到完全替代（取值为 1）的影响范围。

$N(t)$ 表示在 t 时刻的累计使用者，即 t 时刻采用者的数量 $n(t)$ 的累计数。

$F(t)$ 表示在 t 时刻的采用者数量占总的潜在采用者数量的概率，即 t 时刻的采用者数量占总的潜在采用者数量的概率密度函数 $f(t)$ 的积分。

图 3-4 为标准巴斯扩散曲线图。巴斯扩散模型是一种有效的评估企业内部或外部新技术投资的方法，它可以帮助我们深入了解创新动力曲线的变化趋势，以及新技术（或者说新技术应用）在市场上的传播情况，从而更好地把握投资机会，并有效地实施投资策略。虽然巴斯扩散模型无法准确反映现实，但它能够有效识别出投资新技术的潜在收益，从而使投资者更好地把握资金、时间、市场和机会，为投资者提供更加精准的投资策略。

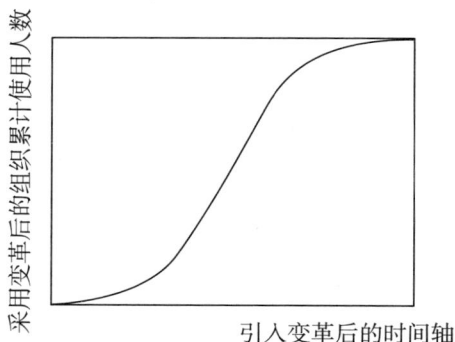

图 3-4 标准巴斯扩散曲线

对巴斯扩散模型进行分析和求解可以从差分方程入手；

令 $y(t) = m - N(t)$，则 $N(t) = m - y(t)$，

$N(t)$ 函数对时间 t 求导，结果为 $\dfrac{\mathrm{d}N(t)}{\mathrm{d}t} = -\dfrac{\mathrm{d}y(t)}{\mathrm{d}t}$

式（3-1）可以转化为：

$$-\frac{\mathrm{d}y(t)}{\mathrm{d}t} = py(t) + q\,\frac{m - y(t)}{m}\,y(t) \tag{3-2}$$

式（3-2）就是伯努利方程，根据伯努利方程的求解方法和步骤，可以求出 $y(t)$ 的结果。

在求出 $y(t)$ 结果的基础上，还原 $N(t)$ 的表达式，结果如下：

$$\begin{cases} N(t) = \dfrac{mp\left[1 - \mathrm{e}^{(p+q)t}\right]}{p + q\mathrm{e}^{-(p+q)t}} \\[4mm] n(t) = \dfrac{mp(p+q)^2\mathrm{e}^{(p+q)t}}{\left[p + q\mathrm{e}^{-(p+q)t}\right]^2} \end{cases} \tag{3-3}$$

在式（3-3）中，模型的"寻找者"系数 p 与"观望者"系数 q 直接影响联盟系统的状态。

（1）如果 $q>p$，即内部影响大于外部影响，则巴斯扩散曲线有最高点，即 $n(t)$ 有最大值点（如图 3-5 所示），该结果表明此区域的 CAs 具备一定的影响力，能够吸引联盟外部企业产生加入的意愿，使联盟的参与主体在 t^* 时刻扩张最大。

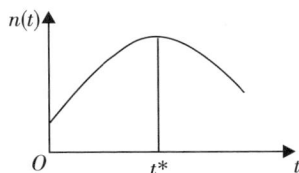

图 3-5　$q>p$ 时，$n(t)$ 随时间变化的变化曲线

（2）如果 $q \leqslant p$，即外部影响不小于内部影响，则巴斯扩散曲线没有最高点，随着时间的变化，$n(t)$ 呈现出指数衰减的状态（如图 3-6 所示），说明此区域内的协同联盟对外部企业的吸引力较低，难以获得新的盟友，即 $n(t)$ 既没有极值点，也无最大值点，此区域的 CAs 最终会终止或解散。

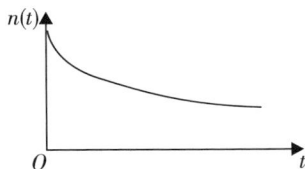

图 3-6　$q \leqslant p$ 时，$n(t)$ 随时间变化的变化曲线

3.2.2 子系统 A 对子系统 B 的协同溢出有效计算

协同学是一门全面的学科，它旨在探索超越物理和化学平衡的开放系统、协同个体之间的非线性相互作用，以及它们如何通过物理流和能量流的交换而实现自组织能力，从而达到临界状态。协同学认为在一个复杂的开放系统中，由于其内部的非线性特征，各个子系统之间通过相互影响和协同，可以形成一种动态的、有机的结构。

开放性是产生有序结构的必要条件，封闭的系统是没办法通过自身的运动实现从混沌到有序的，一定要和外界进行物质和能量的交换才能进入有序状态。非线性则是产生有序结构的基础，严格的线性系统在现实中其实是不存在的，有时为了方便研究和分析问题，学者会将非线性系统简化成线性系统进行分析。各个子系统之间具有协同性，协同性与有序性呈因果关系，协同性是有序性的原因，有序性是协同性的结果，这种因果过程也是一种动态的过程，在这种动态的变化过程中，系统的层级也在不断地进化和升级。随着时间的推移，系统的演变呈现出一种波浪式的趋势，其中质的飞跃可以由突变和渐变两种形式来实现。这种演变的结果受到两个重要因素的影响：一是系统本身的内部变化，二是外部环境，包括人类的控制手段。协同学的核心思想就是通过调节各种参数使得整个系统实现质的飞跃。

为了研究 CAs 成员主体之间的协同资源关系，需要先构造协同资源关系的过程。

设 Ra，Rb ∈ CAs，是协同中任意两个参与协同的主体，Ra 和 Rb 之间存在协同经济增长的溢出需求。

协同后，Ra 的外部协同经济增长溢出比例系数为 $p_a(A/B)$，由于内部效应导致的协同经济增长溢出比例系数为 $q_a(A/B)$，则内外部综合协同带来的经济增长溢出效应为：

$$z_a = p_a(A/B) * q_a(A/B) \tag{3-4}$$

同理，协同后，Rb 的外部经济增长溢出比例系数为 $p_b(B/A)$，由于内部效应导致的协同经济增长溢出比例系数为 $q_b(B/A)$，则内外部综合协同带来的经济增长溢出效应为：

$$z_b = p_b(B/A) * q_b(B/A) \tag{3-5}$$

其中，式（3-4）和式（3-5）中的 "＊" 是为满足巴斯扩散模型而定义的数学算子。协同主体在参与协同后，外部溢出比例系数和内部溢出比例系数 $p_a(A/B)$ 和 $q_a(A/B)$、$p_b(B/A)$ 和 $q_b(B/A)$ 相互之间具有一定的相关性，特别是网络的外部效应[①]。

其中，算子 "＊" 可以用网络的内外部效应来定义，后文会对算子的内涵进行进一步分析。

3.2.3　模型的符号说明

为了不失一般性和研究与分析的典型性，本书以两个参与主体的协同为基础进行数学模型的建模和分析。

k 表示协同参与主体的所有资源的潜在存量，$k > 0$。

---

①　网络的外部效应是指某种产品对一名用户的价值取决于使用该产品的其他用户的数量。

$m(t)$ 表示 t 时刻 A 参与主体的现有资源存量，$m(t)>0$。

$n(t)$ 表示 t 时刻 B 参与主体的现有资源存量，$n(t)>0$。

$\Delta m(t)$ 表示 t 时刻参与主体协同后，Ra 的全部资源价值溢出量，当价值溢出为负时，参与主体会退出协同联盟，故本书考虑协同的正向价值溢出，则 $\Delta m(t)>0$。

$\Delta n(t)$ 表示 t 时刻参与主体协同后，Rb 的全部资源价值溢出量，基于协同是互利的出发点，本书考虑协同的正向价值溢出，则 $\Delta n(t)>0$。

p_1 表示参与主体协同后，Ra 由于外部效应导致的协同经济增长溢出比例系数，则 $0 \leqslant p_1 \leqslant 1$。

p_2 表示参与主体协同后，Rb 由于外部效应导致的协同经济增长溢出比例系数，则 $0 \leqslant p_2 \leqslant 1$。

q_1 表示参与主体协同后，Ra 由于内部效应导致的协同经济增长溢出比例系数，则 $0 \leqslant q_1 \leqslant 1$。

q_2 表示参与主体协同后，Rb 由于内部效应导致的协同经济增长溢出比例系数，则 $0 \leqslant q_2 \leqslant 1$。

p_1、p_2、q_1、q_2 的取值范围如果为负，协同参与主体会主动退出 CAs，大于 1 则会被对方吸收或兼并，被动地从联盟消失，故正常情况下的取值范围为 $[0,1]$。

δ 表示参与主体协同后，在 CAs 内 Rb 的资源存量对于 Ra 的协同价值溢出的影响系数，$\delta>0$。δ 值越大，Rb 对 Ra 的影响越大，协同效应越差；反之亦然。

β 表示参与主体协同后，在 CAs 内 Ra 的资源存量对于 Rb 的协同价值溢出的影响系数，$\beta>0$。β 值越大，Ra 对 Rb 的影响越大，协同效应越差；反之亦然。

δ、β 的溢出效应主要取决于要素间的协同效果，因此其值域范围为 $(-\infty, +\infty)$。

3.2.4 协同的机制模型

参与主体 Ra 对参与主体 Rb 的协同可以产生价值溢出，其背后是彼此的专业分工、比较优势和学习效应的综合反映。

为了揭示 CAs 成员主体协同资源价值溢出关系，本书建立了只有两个参与主体的 CAs 的协同资源的价值溢出模型。

假设在 t 时刻参与主体 Ra、Rb 进行协同，如果没有正向的价值溢出，CAs 在伙伴选择阶段就会终止，在实验和探索阶段也会终止。本书基于 CAs 进入关系投入阶段的假设进行分析，因此，协同后一定是"双赢"的结果，参与主体资源协同的价值溢出一定满足以下情况：

$$k \geq m(t) + n(t) \quad \text{或} \quad k - m(t) - n(t) \geq 0 \tag{3-6}$$

由于存在协同的价值溢出，参与主体协同后，所有的参与主体的潜在存量资源价值，即现有存量资源价值加上协同后溢出的资源价值不小于参与主体个体的存量资源价值之和，即 CAs 协同后会产生潜在的溢出价值。

根据巴斯扩散模型，可以把 CAs 内协同的价值溢出分为两部分，一部分是外部价值溢出，与"比较优势效应"和"规模经济效应"相关联，即协同后参与主体可以更好地发挥自身的优势，将自己的比较优势进一步发挥出来，同时将规模优势也发挥出来，形成外部的价值溢出。另一部分是内部的价值溢出，与"学习效应"相关联，参与主体协同后，可以更好地专注于自己的优势，产生学习效应，不断提升效率。

按照价值溢出渠道的不同，构建 CAs 内区域协同的价值溢出模型。

1. 参与主体 Ra

在时间段 Δt 内，设 CAs 内参与主体 Ra 协同后获得的外部价值溢出为 Δm。Δm 由两部分组成，一部分是"外部协同溢出"的价值增量，即由外部的"比较优势"和"规模经济效应"产生的价值增量：

$$p_1[k-m(t)-\delta n(t)]\Delta t \tag{3-7}$$

一方面，两个协同主体的价值溢出之间有一定的外部互补性；另一方面一个参与主体对另一个参与主体有一定程度的负面影响，δ 是这两个方面综合结果的参数。

另一部分是"内部协同溢出"的价值增量，它是"学习效应"对存量资源利用率的提升而产生的内部价值溢出：

$$q_1[k-m(t)-\delta n(t)]m\Delta t \tag{3-8}$$

与式（3-7）相比，内部协同价值溢出增量多了个系数 m，因为内部协同溢出的价值增量和参与主体自身资源的体量也有关系。

将式（3-7）和式（3-8）联合起来得到由 CAs 协同后参与主体 Ra 带来的价值溢出增量为：

$$\Delta m = p_1[k-m(t)-\delta n(t)]\Delta t + q_1[k-m(t)-\delta n(t)]m\Delta t$$

合并整理得：

$$\Delta m = [k - m(t) - \delta n(t)][p_1 + q_1 m(t)]\Delta t \qquad (3-9)$$

令 $\Delta t \to 0$ ，则式（3-9）变为：

$$\frac{\mathrm{d}m}{\mathrm{d}t} = [k - m(t) - \delta n(t)][p_1 + q_1 m(t)] \qquad (3-10)$$

2. 参与主体 Rb

类似地，可得到在 Δt 内参与主体 Rb 由于协同带来的内部价值溢出增量为：

$$p_2[k - n(t) - \beta m(t)]\Delta t$$

同样地，外部价值溢出增量为：

$$q_2[k - n(t) - \beta m(t)]n\Delta t$$

则有：

$$\Delta n = [k - n(t) - \beta m(t)][p_2 + q_2 n(t)]\Delta t \qquad (3-11)$$

和外部协同价值溢出相比，内部协同价值溢出增量多了一个系数 n，这是因为内部协同溢出的价值增量和参与主体自身资源的体量也有关系。

令 $\Delta t \to 0$ ，则式（3-11）变为：

$$\frac{\mathrm{d}n}{\mathrm{d}t} = [k - n(t) - \beta m(t)][p_2 + q_2 n(t)] \qquad (3-12)$$

将式（3-10）和式（3-12）综合起来，可以得到 CAs 内 Ra、Rb 协同后资源的价值溢出的微分方程组为：

$$\begin{cases} \dfrac{\mathrm{d}m}{\mathrm{d}t} = [k - m(t) - \delta n(t)][p_1 + q_1 m(t)] \\[3mm] \dfrac{\mathrm{d}n}{\mathrm{d}t} = [k - n(t) - \beta m(t)][p_2 + q_2 n(t)] \end{cases} \qquad (3-13)$$

其中，方程组系数 p_1、q_1、p_2、q_2、δ、β 均大于零。

3.3 协同影响的极限与平衡点分析

在式（3-13）中，平衡点要满足 $\dfrac{\mathrm{d}m}{\mathrm{d}t}=0$，$\dfrac{\mathrm{d}n}{\mathrm{d}t}=0$；分析第二个因子，可以得到：

$$\begin{cases} p_1+q_1m=0 \\ p_2+q_2n=0 \end{cases} \qquad (3\text{-}14)$$

即 $m=-\dfrac{p_1}{q_1}$，$n=-\dfrac{p_2}{q_2}$ 的求解结果位于第三象限，因为 p_1、q_1、p_2、q_2、m、n 均大于零，因此，这个平衡点是没有意义的，其他平衡点在下一章进行详细讨论。

3.3.1 协同影响的极限分析

对式（3-13）进行变形可得：

$$\begin{cases} \dfrac{1}{q_1}\times\dfrac{\mathrm{d}\,[\,p_1+q_1m(t)\,]}{\mathrm{d}t}=k-m(t)-\delta n(t) & (1) \\[2mm] \dfrac{1}{q_2}\times\dfrac{\mathrm{d}\,[\,p_2+q_2n(t)\,]}{\mathrm{d}t}=k-n(t)-\beta m(t) & (2) \end{cases} \qquad (3\text{-}15)$$

作消除 $n(t)$ 的变形，式（3-15）中的第（1）式和第（2）式乘 δ 后，进行两式相减，即：

$$\dfrac{1}{q_1}\times\dfrac{\mathrm{d}\,[\,p_1+q_1m(t)\,]}{\mathrm{d}t}-\dfrac{\delta}{q_2}\times\dfrac{\mathrm{d}\,[\,p_2+q_2n(t)\,]}{\mathrm{d}t}$$

$$=k-m(t)-\delta n(t)-\delta k-\delta n(t)-\delta\beta m(t)$$

$$= (1-\delta)k - (1-\delta\beta)m(t) \qquad (3-16)$$

本章先就 $\delta\beta=1$ 的情况进行讨论，$\delta\beta$ 为其他值的情况在下一章进行详细的分析和讨论。

如果 $\delta\beta=1$，即两个参数形成双曲线函数，这种情况常见于横向协同，协同的参与主体彼此势均力敌，影响程度相当，价值溢出的影响此消彼长。式（3-16）右边可以进一步简化为 $(1-\delta)k$，即：

$$\frac{d}{dt}\left[\ln(p_1+q_1 m)^{\frac{1}{q_1}}\right] - \frac{d}{dt}\left[\ln(p_2+q_2 n)^{\frac{\delta}{q_2}}\right] = (1-\delta)k$$

$$\frac{d}{dt}\left[\ln\frac{(p_1+q_1 m)^{\frac{1}{q_1}}}{(p_2+q_2 n)^{\frac{\delta}{q_2}}}\right] = (1-\delta)k \qquad (3-17)$$

积分得到：

$$\frac{(p_1+q_1 m)^{\frac{1}{q_1}}}{(p_2+q_2 n)^{\frac{\delta}{q_2}}} = \frac{(p_1+q_1 m_0)^{\frac{1}{q_1}}}{(p_2+q_2 n_0)^{\frac{\delta}{q_2}}} \cdot e^{(1-\delta)kt} \qquad (3-18)$$

则有：

$$(p_1+q_1 m)^{\frac{1}{q_1}} = \frac{(p_1+q_1 m_0)^{\frac{1}{q_1}}}{(p_2+q_2 n_0)^{\frac{\delta}{q_2}}}(p_2+q_2 n)^{\frac{\delta}{q_2}} \cdot e^{(1-\delta)kt} \qquad (3-19)$$

3.3.2　协同的平衡点分析

1. 当 $\delta>1$ 时

若有 $\delta\beta=1$，则 $\beta<1$，若 $t\to\infty$，则 $e^{(1-\delta)kt}\to 0$ 是无穷小量。因为 $\frac{(p_1+q_1 m_0)^{\frac{1}{q_1}}}{(p_2+q_2 n_0)^{\frac{\delta}{q_2}}}(p_2+q_2 n)^{\frac{\delta}{q_2}}$ 有界，所以

$$\frac{(p_1+q_1 m_0)^{\frac{1}{q_1}}}{(p_2+q_2 n_0)^{\frac{\delta}{q_2}}}(p_2+q_2 n)^{\frac{\delta}{q_2}} \cdot e^{(1-\delta)kt} = 0$$

即式（3-19）的左边 $(p_1+q_1m)^{\frac{1}{q_1}}=0$。因为 (p_1+q_1m) 代表协同参与主体 Ra 的内外部资源价值溢出的程度，所以该结果表明随着时间 t 的不断推移，CAs 不断演化，Ra 的协同价值溢出相对于整个 CAs 来说起到的作用将会越来越小。

因为 p_1、q_1、$m > 0$，如果 $p_1 + q_1m \geqslant 1$，不管 $\dfrac{1}{q_1}$ 为何值，$(p_1+q_1m)^{\frac{1}{q_1}}$ 都不可能等于零。

所以，只有当 $p_1+q_1m<1$，且 $\dfrac{1}{q_1}\gg1$ 时才成立，也即 $q_1\ll1$，其经济意义表示 Ra 内部价值溢出量的系数很小，或者协同联盟的价值溢出主要来自外部价值的溢出，显然这种单纯只依靠外部价值溢出的情况的 CAs 不会长久。正如某些落后地区存在资源优势的价值洼地，当其资源优势耗尽后，CAs 也就解散了。

综合以上考虑，$q_1\ll1$，且 $p_1<1$；或者 $q_1\ll1$，且 $p_1\ll1$ 才能达到这种效果，即协同的内部溢出效应很小或者内外部溢出效应全部都很小。随着时间的推移，协同的作用会越来越小，直到 CAs 的解散。

2. 当 $\delta<1$ 时

式（3-18）变形为：

$$(p_2+q_2n)^{\frac{\delta}{q_2}}=\frac{(p_2+q_2\,n_0)^{\frac{\delta}{q_2}}}{(p_1+q_1\,m_0)^{\frac{1}{q_1}}}\,(p_1+q_1m)^{\frac{1}{q_1}}\cdot e^{(1-\delta)kt} \quad (3-20)$$

若有 $\delta\beta=1$，则 $\beta>1$，若 $t\to\infty$，则 $e^{(\delta-1)kt}\to0$ 是无穷小量。因为 $\dfrac{(p_2+q_2\,n_0)^{\frac{\delta}{q_2}}}{(p_1+q_1\,m_0)^{\frac{1}{q_1}}}\,(p_1+q_1m)^{\frac{1}{q_1}}$ 有界，所以

$$\frac{(p_2+q_2\,n_0)^{\frac{\delta}{q_2}}}{(p_1+q_1\,m_0)^{\frac{1}{q_1}}}\,(p_1+q_1m)^{\frac{1}{q_1}}\cdot e^{(1-\delta)kt}=0$$

即式（3-20）的左边 $(p_2+q_2n)^{\frac{\delta}{q_2}}=0$，因为 (p_2+q_2n) 代表协同参与主体 Rb 的内外部资源价值溢出的程度，所以该结果表明随着时间 t 的不断推移，CAs 不断演化，Rb 的协同价值溢出相对于整个 CAs 来说起到的作用将会越来越小。同时也表明随着时间 t 的不断推移，CAs 不断演化，Rb 的协同外部价值溢出效应将会越来越小，直至 CAs 终止。

因为 p_2、q_2、$n>0$，如果 $p_2+q_2n\geqslant1$，不管 $\frac{\delta}{q_2}$ 为何值，$(p_2+q_2n)^{\frac{\delta}{q_2}}$ 都不可能等于零。所以，只有当 $p_2+q_2n<1$，且 $\frac{\delta}{q_2}\gg1$ 时才成立。

δ 的影响有限，也即 $q_2\ll1$，其经济意义表示 Rb 内部价值溢出量的系数很小，或者 CAs 的价值溢出主要来自外部价值的溢出，显然，这种单纯依靠外部价值溢出的 CAs 不会长久。

综合以上考虑，$q_2\ll1$，且 $p_2<1$；或者 $q_2\ll1$，且 $p_2\ll1$ 才能达到这种效果，即协同的外部溢出效应很小或者协同的内外部溢出效应都很小，随着时间的推移，协同的作用会越来越小。

$\delta\beta=1$ 是两个协同参与主体进行竞争的一种情况，如果一方协同的全部价值溢出增加，另一方的全部价值溢出就会减少，呈现一种竞争的关系，这样导致的结果要么是竞争性强的参与主体随着时间的推移，相对于 CAs 的价值溢出不断减少，最后退出 CAs；要么是竞争性弱的参与主体随着时间的推移，获得的全部价值溢出越来越小，也退出 CAs。总之，这种协同只是暂时的，是一种不稳定的状态。

3. 当 $\delta=1$，$\beta=1$ 时

当 $\delta=1$，$\beta=1$ 时，$\dfrac{k}{\delta}=k$，$\dfrac{k}{\beta}=k$。此时，式(3-15)表示的两条直线是重合的，如图 3-7 所示。

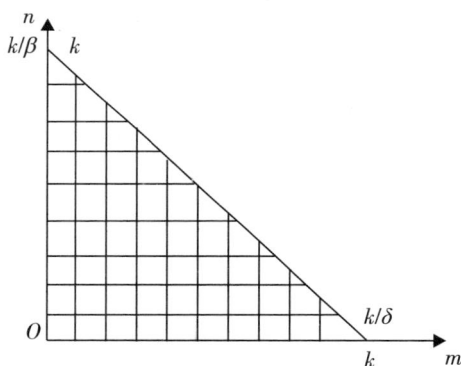

图 3-7　协同平衡区域

$\dfrac{\mathrm{d}m}{\mathrm{d}t}>0$ 是图 3-7 中的横线区域，$\dfrac{\mathrm{d}n}{\mathrm{d}t}>0$ 是图 3-7 中的竖线区域，在 $\delta=1$，$\beta=1$ 的条件下，横线区域和竖线区域是重合的，即协同的两个主体是无差异的。

在这种情况下，协同主体的初始状态决定了它们的平衡点的规模和大小。由于没有协同价值溢出的相对优势，价值溢出依靠当初协同前的状况，谁早期占据协同价值溢出的优势，谁就能获得更多的价值溢出，整个协同的结果在这条直线代表的这个平面

上形成不同的平衡格局。

3.4　协同资源量的变化和经济的溢出效应分析

3.4.1　协同资源量的变化

在协同的过程中，由于有价值溢出的存在，随着协同进程时间的变化，协同后潜在的资源量会有一定的变化。

1. 对于 $m(t)$ 的分析

（1）如果在 $t=0$ 时刻，$m(0) \leqslant k$，则在任何时刻 t，都有 $m(t) \leqslant k$。

（2）如果在 $t=0$ 时刻，$m(0)>k$，则 $k-m(t)-\delta n(t)<0$。此时，式（3-10）代表的情况：$\dfrac{\mathrm{d}m}{\mathrm{d}t} = [k-m(t)-\delta n(t)][p_1+q_1 m(t)]<0$，即 $m(t)$ 为时间 t 的减函数。所以在任何时刻 t，$m(0)$ 为最大值，即 $m(t) \leqslant m(0)$。综合以上情况，在任何情况下都有：

$$t \geqslant 0; \quad m(t) \leqslant \max\{k, m(0)\} \tag{3-21}$$

2. 对于 $n(t)$ 的分析

（1）如果在 $t=0$ 时刻，$n(0) \leqslant k$，则在任何时刻 t，都有 $n(t) \leqslant k$。

（2）如果在 $t=0$ 时刻，$n(0)>k$，则 $k-n(t)-\beta m(t)<0$。此时，式（3-12）$\dfrac{\mathrm{d}n}{\mathrm{d}t} = [k-n(t)-\beta m(t)][p_2 \div q_2 n(t)]<0$，即 $n(t)$ 为时

间 t 的减函数，因此在任何时刻 t，$n(t) \leq n(0)$。

综合以上情况，在任何情况下都有：

$$t \geq 0; \quad n(t) \leq \max\{k, n(0)\} \tag{3-22}$$

式（3-21）和式（3-22）表明系统协同的价值溢出不会超过开始时刻该系统资源存量和协同后全部系统资源量的最大值。

3.4.2　经济的溢出效应

在前面式（3-4）和式（3-5）已经定义了两个参与主体的协同效应的经济溢出效应，现在进一步定义算子"＊"。

在协同后，Ra 的外部协同经济增长协同溢出比例系数为 $p_a(A/B)$，由于内部效应导致的协同经济增长溢出比例系数为 $q_a(A/B)$，则内外部综合协同给 Ra 带来的经济增长溢出效应 Z_a 为：

$$Z_a = p_a(A/B) + \delta \times q_a(A/B) \tag{3-23}$$

同样地，内外部综合协同给 Rb 带来的经济增长溢出效应 Z_b 为：

$$Z_b = p_b(B/A) + \beta \times q_b(B/A) \tag{3-24}$$

式（3-23）和式（3-24）中的系数 δ、β 的意义同之前的定义一样。其含义是在计量协同的价值溢出时，除了考虑外部溢出效应外，还要考虑受其他协同参与主体影响后的内部溢出效应，即在计量内部的溢出效应时应乘一个影响系数进行修正。

4 协同的平衡点分析

4.1 平衡点

大家希望协同能"发挥比较优势""产生规模效应""产生学习效应",而且希望这种协同能达成长期的战略联盟。协同能否长期稳定主要看协同的平衡点问题,即协同的平衡点是否存在,存在的平衡点是否稳定。

4.1.1 平衡点的类别

二阶齐次线性微分方程组:$\dfrac{\mathrm{d}x}{\mathrm{d}t} = AX$。

其中:$A = \begin{bmatrix} a_{11} & a_{12} \\ a_{21} & a_{22} \end{bmatrix} \in \mathbf{R}$

定义 1:$p = -(a_{11} + a_{22})$,$q = \Delta A$。

判断准则 1:当 p、q 为不同值的情况下,平衡点具有不同的性质，如表 4-1 所示，这也是平衡点性质的判定准则①。

表 4-1　平衡点的情况

序号	$p=-(a_{11}+a_{22})$，$q=\Delta A$	平衡点类型	稳定性
1	$p>0$，$q>0$，$p^2>4q$	稳定节点	稳定
2	$p>0$，$q>0$，$p^2=4q$	稳定退化节点	稳定
3	$p<0$，$q>0$，$p^2>4q$	不稳定节点	不稳定
4	$p<0$，$q>0$，$p^2=4q$	不稳定退化节点	不稳定
5	$q\leq0$	鞍点	不稳定

4.1.2　平衡点的图形

（1）稳定节点。

平衡点如果在某一点，例如坐标原点 $O(0,0)$，箭头方向表示当 t 增加时的轨线方向，满足 $p>0$，$q>0$，$p^2>4q$，假如轨线是抛物线形，并且在平衡点附近的轨线是如图 4-1 所示的分布情况，则称该平衡点为稳定节点。

---

① 平衡点性质的判定准则有很多资料可以参考，这里以列表的方式直接给出相关的条件和结论。

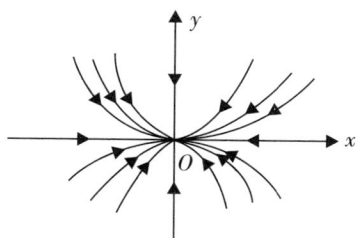

图 4-1 稳定节点的情况

（2）稳定退化节点。

平衡点如果在某一点，例如坐标原点 $O(0, 0)$，箭头方向表示当 t 增加时的轨线方向，满足 $p>0$，$q>0$，$p^2=4q$，假如轨线是抛物线形，并且在平衡点附近的轨线是如图 4-2 所示的分布情况，则称该平衡点为稳定退化节点。

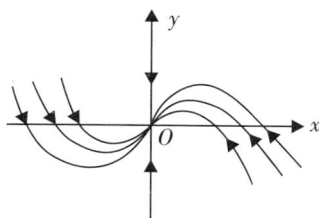

图 4-2 稳定退化结点的情况

（3）不稳定节点。

平衡点如果在某一点，例如坐标原点 $O(0, 0)$，箭头方向表示当 t 增加时的轨线方向，满足 $p<0$，$q>0$，$p^2>4q$，假如轨线是抛物线形，并且在平衡点附近的轨线是如图 4-3 所示的分布情况，则称该平衡点为不稳定节点。

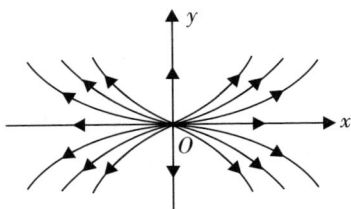

图4-3　不稳定节点的情况

（4）不稳定退化节点。

平衡点如果在某一点，例如坐标原点 $O(0，0)$，箭头方向表示当 t 增加时的轨线方向，满足 $p<0$，$q>0$，$p^2=4q$，假如轨线是抛物线形，并且在平衡点附近的轨线是如图4-4所示的分布情况，则称为不稳定退化节点。

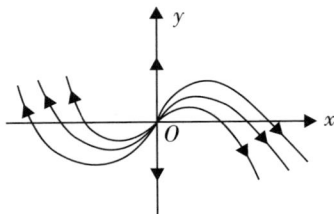

图4-4　不稳定退化节点的情况

（5）鞍点。

平衡点如果在某一点，例如坐标原点 $O(0，0)$，箭头方向表

示当 t 增加时的轨线方向，满足 $q \leqslant 0$，假如轨线是双曲线型，并且在平衡点附近的轨线是如图 4-5 所示的分布情况，则称该平衡点为鞍点。

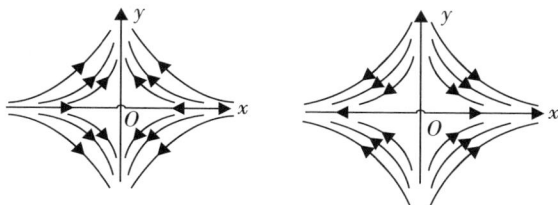

图 4-5   鞍点的情况

表 4-1 中 3~5 的情况分别对应图 4-3、图 4-4、图 4-5 这三种节点，因为 p 和 q 均有小于零的情况，不在本书的定义域范围内，后面不对此情况进行分析。

4.2   平衡点的计算

第 3 章分析了因子代表的平衡点，在式（3-13）中，因为各个变量均为非负，所以这个平衡点没有现实的意义和价值。现在分析另外一组因子，令其等于零，得到其他的平衡点，即：

$$\begin{cases} k-m-\delta n = 0 \\ k-n-\beta m = 0 \end{cases} \tag{4-1}$$

以 m、n 为变量，求解式（4-1）的方程组，可得：

$$\begin{cases} m = \dfrac{(1-\delta)k}{1-\delta\beta} \\[3mm] n = \dfrac{(1-\beta)k}{1-\delta\beta} \end{cases} \tag{4-2}$$

如果将式（4-1）看作两条直线的方程，则第 1 条直线的方程 $k-m-\delta n=0$ 过点 $(k, 0)$ 和 $(0, \dfrac{k}{\delta})$，第 2 条直线的方程 $k-n-\beta m=0$ 过点 $(0, k)$ 和 $(\dfrac{k}{\beta}, 0)$。

4.3　平衡点的讨论

针对式（4-2），接下来分几种情况进行讨论。

1. 当 $\delta<1$，$\beta>1$ 时

$\because \beta>1$　$\therefore k>\dfrac{k}{\beta}$，同时 $1-\beta<0$。

同理 $\because \delta<1$　$\therefore k<\dfrac{k}{\delta}$，同时 $1-\delta>0$。

式（4-1）代表的直线方程的图形如图 4-6 所示。

（1）如果 $\delta\beta>1$，则 $1-\delta\beta<0$，在式（4-2）中 $m<0$，$n>0$，即该平衡点位于第二象限。

（2）同理，如果 $\delta\beta<1$，则 $1-\delta\beta>0$，在式（4-2）中 $m>0$，$n<0$，即该平衡点位于第四象限。

综上分析，不管是属于（1）或（2）的哪种情况，平衡点都不在第一象限内，在现实协同中也没有意义，与前面讨论的

$\delta\beta = 1$ 的情形一样，下面进一步对图 4-6 展开分析。

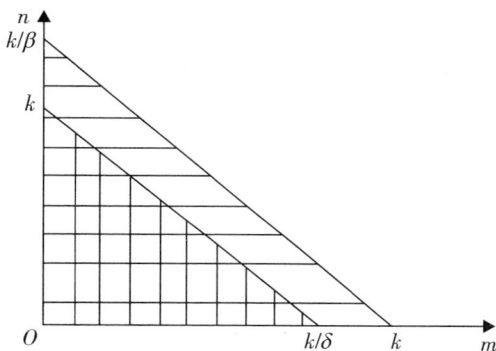

图 4-6　不同参数条件下两条直线的图形（1）

事实上，从图 4-6 中可以看出，针对外面的一条直线的方程 $k-m-\delta n=0$，在横线所表达的范围内有 $k-m-\delta n>0$，即有 $\dfrac{\mathrm{d}m}{\mathrm{d}t}>0$，因此，对于协同参与主体 Ra 而言，其协同的内部价值溢出是不断增加的。

针对里面的一条直线的方程 $k-n-\beta m=0$，在竖线所表达的范围内有 $k-n-\beta m>0$，即有 $\dfrac{\mathrm{d}n}{\mathrm{d}t}>0$，此时，对于协同参与主体 Rb 而言，其协同的内部价值溢出是不断增加的。

综合分析，协同的结果是参与主体 Ra 比参与主体 Rb 协同的价值溢出增长快，因为式（4-2）中第 1 条直线位于第 2 条直线外，即在两条直线的中间区域（非公共区间）$\dfrac{\mathrm{d}n}{\mathrm{d}t}<0$，这就意味着

参与主体 Ra 会抑制参与主体 Rb 的价值溢出增长，这种抑制的最终结果会导致参与主体 Rb 的作用完全被参与主体 Ra 淹没。如果是两个企业进行协同，Rb 则会被 Ra 兼并；如果是两个区域进行协同，Rb 则会被 Ra 同城一体化；如果是两个要素进行协同，Rb 则会被 Ra 完全替代。

现实中的管理启示及意义是：当 $\beta>1$，$\delta<1$ 时，意味着 Ra 对 Rb 的溢出影响系数大，同时 Rb 对 Ra 的溢出影响系数小。因此当 $\delta\beta>1$ 时，虽然总体溢出影响是增加的，但也意味着 Ra 对 Rb 的影响系数更大，而 $\delta\beta<1$ 则意味着溢出影响在减小，两种情况都不可能产生良性的协同。

2. 当 $\delta>1$，$\beta<1$ 时

$\because\beta<1$ $\therefore k<\dfrac{k}{\beta}$，同时 $1-\beta>0$。

同理$\because\delta>1$ $\therefore k>\dfrac{k}{\delta}$，同时 $1-\delta<0$。

式（4-1）所代表的直线方程的图形如图 4-7 所示。

（1）如果 $\delta\beta>1$，则 $1-\delta\beta<0$，在式（4-2）中 $m>0$，$n<0$，即该平衡点位于第四象限。

（2）同理，如果 $\delta\beta<1$，则 $1-\delta\beta>0$，在式（4-2）中 $m<0$，$n>0$，即该平衡点位于第二象限。

综上分析，不管是属于（1）或（2）的哪种情况，这个平衡点都不在第一象限内，在现实协同中也没有意义，和前面讨论的 $\delta\beta=1$ 的情形一样。接下来对图 4-7 进行分析。

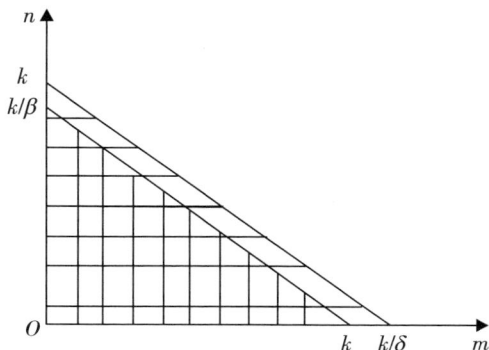

图 4-7　不同参数条件下两条直线的图形（2）

事实上，从图 4-7 可以看出，对于靠近原点的直线方程 $k-n-\beta m=0$，在竖线所表达的范围内有 $k-n-\beta m>0$，即有 $\dfrac{\mathrm{d}n}{\mathrm{d}t}>0$，此时，对于参与主体 Rb 而言，其协同的内部价值溢出是不断增加的。

对于远离原点的直线方程 $k-m-\delta n=0$，在横线所表达的范围内有 $k-m-\delta n>0$，即有 $\dfrac{\mathrm{d}m}{\mathrm{d}t}>0$，此时，对于参与主体 Ra 而言，其协同的内部价值溢出是不断增加的。

综合分析，协同的结果是参与主体 Ra 比 Rb 协同的价值溢出增长快，因为式（4-2）中第 2 条直线位于第 1 条直线外，即在两条直线的中间区域（非公共区间）$\dfrac{\mathrm{d}m}{\mathrm{d}t}<0$，这就意味着参与主体 Rb 会抑制参与主体 Ra 的价值溢出的增长，协同的结果是参与主体 Ra 比参与主体 Rb 协同的价值溢出增长快，这种结果最终会导

致参与主体 Ra 的作用完全被参与主体 Rb 淹没。如果是两个企业进行协同，Ra 则会被 Rb 兼并；如果是两个区域进行协同，Ra 则会被 Rb 同城一体化。

现实中的管理启示及意义与 $\delta<1$，$\beta>1$ 的情况是一样的，只是协同参与主体的情况调转了，也是不可能出现良性协同的一种情形。

3. 当 $\delta<1$，$\beta<1$ 时

$\because \beta<1$　$\therefore k<\dfrac{k}{\beta}$，同时 $1-\beta>0$。

同理 $\because \delta<1$　$\therefore k<\dfrac{k}{\delta}$，同时 $1-\delta>0$。

式（4-1）所代表的直线方程的图形如图 4-8 所示。两条直线有一个交点，下面进一步针对这个交点展开分析。

如果 $\delta\beta<1$，则 $1-\delta\beta>0$，在式（4-2）中 $m>0$，$n>0$，因此，这个平衡点在第一象限内，在现实的协同中有具体的意义。

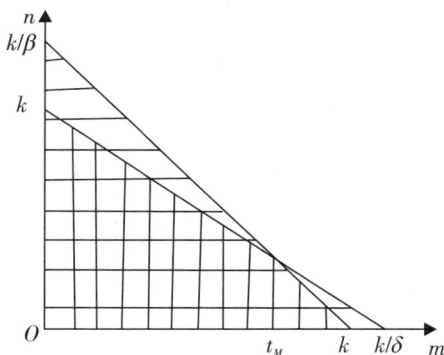

图 4-8　不同参数条件下两条直线的图形（3）

因此，在 t_M 时刻的横线区域内，式（4-1）中第 1 条直线的斜率小，因为 $m(t) < \dfrac{k-\delta k}{1-\delta\beta}$，且 $\dfrac{\mathrm{d}m}{\mathrm{d}t} > 0$，故 $m(t)$ 逐渐增大而趋于平衡点 $\dfrac{k-\delta k}{1-\delta\beta}$。同时，在此区域内，因为 $n(t) > \dfrac{k-\beta k}{1-\delta\beta}$，式（4-1）中第 2 条直线的斜率大，因此 $\dfrac{\mathrm{d}n}{\mathrm{d}t} < 0$，故 $n(t)$ 逐渐减小而趋于平衡点 $\dfrac{k-\beta k}{1-\delta\beta}$。

在 t_M 时刻，在竖线区域内，因为 $m(t) > \dfrac{k-\delta k}{1-\delta\beta}$，且 $\dfrac{\mathrm{d}m}{\mathrm{d}t} < 0$，故 $m(t)$ 逐渐减小而趋于平衡点 $\dfrac{k-\delta k}{1-\delta\beta}$。同时，在此区域内，因为 $n(t) < \dfrac{k-\beta k}{1-\delta\beta}$，且 $\dfrac{\mathrm{d}n}{\mathrm{d}t} > 0$，故 $n(t)$ 逐渐增大而趋于平衡点 $\dfrac{k-\beta k}{1-\delta\beta}$。

定理 1：当 $\delta < 1$，$\beta < 1$ 时，平衡点 $\begin{cases} m = \dfrac{(1-\delta)k}{1-\delta\beta} \\ n = \dfrac{(1-\beta)k}{1-\delta\beta} \end{cases}$ 是稳定的平衡点。

证明：令函数 $f(m,n)$，$g(m,n)$ 分别为：

$$f(m,\ n) = \frac{\mathrm{d}m(t)}{\mathrm{d}t} = p_1[k - m(t) - \delta n(t)] + q_1 m(t)[k - m(t) - \delta n(t)]$$

$$g(m,\ n) = \frac{\mathrm{d}n(t)}{\mathrm{d}t} = p_2[k - n(t) - \beta m(t)] + q_2 n(t)[k - n(t) - \beta m(t)]$$

按照平衡点不动点判定的规则，构造判断矩阵：

$$A = \begin{bmatrix} f_m & f_n \\ g_m & g_n \end{bmatrix} = \begin{bmatrix} \dfrac{\partial f}{\partial m} & \dfrac{\partial f}{\partial n} \\ \dfrac{\partial g}{\partial m} & \dfrac{\partial g}{\partial n} \end{bmatrix} \tag{4-3}$$

其中，$\dfrac{\partial f}{\partial m} = -p_1 + q_1 k - 2q_1 m(t) - q_1 \delta n(t)$

$$= -p_1 + q_1 [k - m(t) - \delta n(t)] - q_1 m(t)$$

$\because k - m(t) - \delta n(t) = 0$

$\therefore \dfrac{\partial f}{\partial m} = -p_1 - q_1 m(t)$

$\dfrac{\partial f}{\partial n} = -p_1 \delta - q_1 \delta m(t)$

$\dfrac{\partial g}{\partial m} = -p_2 \beta - q_2 \beta n(t)$

$\dfrac{\partial g}{\partial n} = -p_2 + q_2 k - 2q_2 n(t) - q_2 \beta m(t)$

$$= -p_2 + q_2 [k - n(t) - \beta m(t)] - q_2 n(t)$$

$\because k - n(t) - \beta m(t) = 0$

$\therefore \dfrac{\partial g}{\partial n} = -p_2 - q_2 n(t)$

即 $A = \begin{bmatrix} f_m & f_n \\ g_m & g_n \end{bmatrix} = \begin{bmatrix} -(p_1 + q_1 m) & -(p_1 \delta + q_1 \delta m) \\ -(p_2 \beta + q_2 \beta n) & -(p_2 + q_2 n) \end{bmatrix} \tag{4-4}$

则 $p = -(f_m + g_n) = -[-(p_1 + q_1 m) - (p_2 + q_2 n)]$

$$= (p_1 + p_2) + (q_1 m + q_2 n)$$

$\because p_1, p_2, q_1, q_2 > 0 \qquad \therefore p_1 + p_2 > 0$

又$\because \delta<1, \beta<1$　　$\therefore m>0, n>0$

则 $q_1m+q_2n>0$　　$\therefore p=(p_1+p_2)+(q_1m+q_2n)>0$　　　（4-5）

$$q=\Delta A=f_m g_n-f_n g_m$$

$$f_m g_n=[-(p_1+q_1m)]\times[-(p_2+q_2n)]$$

$$=p_1p_2+p_1q_2n+p_2q_1m+q_1q_2mn$$

$$f_n g_m=[-(p_1\delta+q_1\delta m)]\times[-(p_2\beta+q_2\beta n)]$$

$$=p_1p_2\delta\beta+p_1q_2\delta\beta n+p_2q_1\delta\beta m+q_1q_2\delta\beta mn$$

则可得到 $q=\Delta A=p_1p_2+p_1q_2n+p_2q_1m+q_1q_2mn-p_1p_2\delta\beta-p_1$
$q_2\delta\beta n-p_2q_1\delta\beta m-q_1q_2\delta\beta mn$

合并同类项并化简，得到：

$$q=p_1p_2(1-\delta\beta)+p_1q_2n(1-\delta\beta)+p_2q_1m(1-\delta\beta)+q_1q_2mn(1-\delta\beta)$$

$$=(1-\delta\beta)(p_1p_2+p_1q_2n+p_2q_1m+q_1q_2mn)$$

又$\because \delta<1, \beta<1 \therefore \delta\beta<1 \therefore 1-\delta\beta>0$

$\because \delta<1, \beta<1 \therefore m>0, n>0$

$\because p_1, p_2, q_1, q_2>0 \therefore p_1p_2+p_1q_2n+p_2q_1m+q_1q_2mn>0$

$$q=(1-\delta\beta)(p_1p_2+p_1q_2n+p_2q_1m+q_1q_2mn)>0$$

即 $q>0$　　　　　　　　　　　　　　　　　　　　（4-6）

$$p^2-4q=(p_1+p_2+q_1m+q_2n)^2-4(1-\delta\beta)(p_1p_2+p_1q_2n+p_2q_1m+q_1q_2mn)$$

$$=p_1^2+2p_1p_2+p_2^2+q_1^2m^2+2q_1q_2mn+q_2^2n^2+2p_1q_1m+2p_1q_2n+2p_2q_1m+2p_2q_2n-4p_1p_2-4q_1q_2mn-4p_1q_2n-4p_2q_1m+4\delta\beta(p_1p_2+p_1q_2n+p_2q_1m+q_1q_2mn)$$

$$=p_1^2-2p_1p_2+p_2^2+q_1^2m^2-2q_1q_2mn+q_2^2n^2+2p_1q_1m+2p_1q_2n+2p_2q_1m+2p_2q_2n_2-2p_1q_2n-2p_2q_1m+4\delta\beta$$

$$(p_1 p_2 + p_1 q_2 n + p_2 q_1 m + q_1 q_2 mn)$$

$$= (p_1 - p_2 + q_1 m - q_2 n)^2 + 4\delta\beta (p_1 p_2 + p_1 q_2 n + p_2 q_1 m + q_1 q_2 mn)$$

$\because (p_1 - p_2 + q_1 m - q_2 n)^2 \geq 0$; δ, β, m, n, p_1, p_2, q_1, $q_2 > 0$;

$\therefore p^2 - 4q = (p_1 - p_2 + q_1 m - q_2 n)^2 + 4\delta\beta (p_1 p_2 + p_1 q_2 n + p_2 q_1 m + q_1 q_2 mn) > 0$

即 $p^2 - 4q > 0$ (4-7)

通过式（4-5）至式（4-7）可以得到平衡点是不动点的结论。

综合以上情况，可以看到在这样的结构中，平衡状态有任何微小的波动，参与协同的双方都将回到平衡点状态，因为此时的协同参与主体能获得比较好的溢出价值，愿意长期与对方合作协同，从而形成一种稳定的负反馈①情况。如果是两个要素进行协同，则反映出两个要素刚好处于最佳投入状态。

现实中的管理启示及意义：因为参与主体 Ra 和 Rb 的相互影响小，彼此可以获得正向稳定协同的溢出效应，因此可以长期合作协同共赢，但这是一种弱协同的共赢状态。

4. 当 $\delta > 1$，$\beta > 1$ 时

$\because \beta > 1$ $\therefore k < \dfrac{k}{\beta}$，同时 $1 - \beta < 0$。

同理 $\because \delta > 1$ $\therefore k < \dfrac{k}{\delta}$，同时 $1 - \delta < 0$。

---

① 负反馈是一种自动调节系统，它可以检测系统中的变化，并采取相应的行动来维持系统的稳定性。

式（4-1）所代表的直线方程的图形如图 4-9 所示，两条直线有一个交点。接下来进一步对这个交点进行分析。

∵ $\delta\beta>1$ ∴ $1-\delta\beta<0$，在式（4-2）中 $m>0$，$n>0$。

因此，这个平衡点在第一象限内，在现实的协同中有具体的意义。

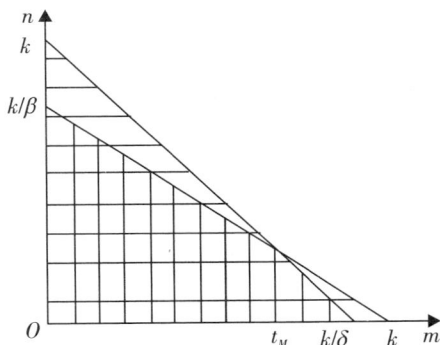

图 4-9 不同参数条件下两条直线的图形（4）

因此，在 t_M 时刻，横线区域内，式（4-1）中的第一条直线的斜率大，因为 $m(t)>\dfrac{k-\delta k}{1-\delta\beta}$，且 $\dfrac{\mathrm{d}m}{\mathrm{d}t}>0$，故 $m(t)$ 逐渐增大而远离平衡点 $\dfrac{k-\delta k}{1-\delta\beta}$。同时，在此区域内，式（4-1）中的第二条直线的斜率小，故 $n(t)\to0$。

在 t_M 时刻，竖线区域内，因为 $m(t)\to0$。同时，在此区域内，因为 $n(t)>\dfrac{k-\beta k}{1-\delta\beta}$，且 $\dfrac{\mathrm{d}n}{\mathrm{d}t}>0$，故 $n(t)$ 逐渐增大而远离平衡点 $\dfrac{k-\beta k}{1-\delta\beta}$。

定理 2：当 $\delta>1$，$\beta>1$ 时，平衡点 $\begin{cases} m=\dfrac{(1-\delta)k}{1-\delta\beta} \\ n=\dfrac{(1-\beta)k}{1-\delta\beta} \end{cases}$ 是不稳定的平

衡点。

证明：同前文一样，构建平衡点的稳定情况以判断矩阵，其与定理 1 的证明一样，需构建 f_m，f_n，g_m，g_n 函数。

$$A=\begin{bmatrix} f_m & f_n \\ g_m & g_n \end{bmatrix}=\begin{bmatrix} \dfrac{\partial f}{\partial m} & \dfrac{\partial f}{\partial n} \\ \dfrac{\partial g}{\partial m} & \dfrac{\partial g}{\partial n} \end{bmatrix} \qquad (4-8)$$

$$p=-(f_m+g_n)=-[-(p_1+q_1m)-(p_2+q_2n)]=(p_1+p_2)+(q_1m+q_2n)$$

$\because p_1,p_2,q_1,q_2>0 \quad \therefore p_1+p_2>0$，

又 $\because \delta>1$，$\beta>1 \quad \therefore m>0$，$n>0$

$\therefore p=(p_1+p_2)+(q_1m+q_2n)>0$，即 $p>0$ $\qquad (4-9)$

$$q=\Delta A=f_mg_n-f_ng_m$$

$$q=p_1p_2(1-\delta\beta)+p_1q_2n(1-\delta\beta)+p_2q_1m(1-\delta\beta)+q_1q_2mn(1-\delta\beta)$$

$$=(1-\delta\beta)(p_1p_2+p_1q_2n+p_2q_1m+q_1q_2mn)$$

又 $\because \delta>1$，$\beta>1 \quad \therefore \delta\beta>1$，则 $1-\delta\beta<0$。

$\because \delta>1$，$\beta>1 \quad \therefore m>0$，$n>0$

$\because p_1$，p_2，q_1，$q_2>0$

$\therefore q=(1-\delta\beta)(p_1p_2+p_1q_2n+p_2q_1m+q_1q_2mn)<0$

即 $q<0$ $\qquad (4-10)$

$$p^2-4q=(p_1-p_2+q_1m-q_2n)^2+4\delta\beta(p_1p_2+p_1q_2n+p_2q_1m+q_1q_2mn)$$

$\because (p_1-p_2+q_1m-q_2n)^2\geq 0$

又∵δ，β，m，n，p_1，p_2，q_1，$q_2>0$

∴$(p_1-p_2+q_1m-q_2n)^2+4\delta\beta(p_1p_2+p_1q_2n+p_2q_1m+q_1q_2mn)>0$

∴$p^2-4q>0$ （4-11）

由式（4-9）至式（4-11）可以得到平衡点是不稳定节点的结论。

以上各种情况的分析总结见表4-2。

表4-2　协同平衡点情况

序号	参数情况		所处象限	协同情况
1	$\delta<1$ $\beta>1$	$\delta\beta>1$	二	没有协同意义
		$\delta\beta<1$	四	没有协同意义
		$\delta\beta=1$	一	Ra 比 Rb 协同价值溢出增长快，Rb 会被 Ra 完全替代，导致 Rb 不会主动参与协同
2	$\delta>1$ $\beta<1$	$\delta\beta>1$	四	没有协同意义
		$\delta\beta<1$	二	没有协同意义
		$\delta\beta=1$	一	Rb 比 Ra 协同价值溢出增长快，Ra 会被 Rb 完全替代，导致 Ra 不会主动参与协同
3	$\delta<1$，$\beta<1$		一	稳定协同平衡点，最佳协同状态
4	$\delta>1$，$\beta>1$		一	不稳定协同平衡点，局部替代效应的协同

综合以上情况，可以看到在这样的结构中，对于平衡状态任何微小的波动，$m(t)$ 和 $n(t)$ 都会远离平衡点状态。因为此时的协同对于协同的参与主体来说价值溢出很大，协同价值溢出的效应

非常明显，但是这种溢出又是以侵害对方利益为前提的。因此，接下来这种放大的价值溢出会放大彼此不合作的意愿，实际上形成了一种稳定的正反馈情况，即若一点不利的情况出现，都会不断强化和放大这种不利因素，价值溢出变大的会变得更大，价值溢出变小的会不断萎缩，从而失去协同动力，进而使协同遭到破坏。对于要素的协同来说，会存在局部的替代效应，导致被替代要素价值的弱化，最终形成失稳状态。

现实中的管理启示及意义：协同的参与主体 Ra 和 Rb 的相互影响很大，在短期内协同的溢出效应是非常明显的，但是从长期看是不稳定的，这是一种强协同的短期共赢情况。

5 协同度的计算与协同溢出效应的参数辨识

5.1 协同子系统序参量的有序度

系统的协同变化发展过程是一个动态的过程。在物理学中，耦合是指两个或两个以上的系统之间的相互作用，它们之间的关系可能会影响彼此的行为。从协同学的角度来看，耦合的程度会影响系统的发展，使它们从无序转变为有序。在这种情况下，系统内部的变量可以分为快变量和慢变量两类。慢变量推动系统进入一个新的秩序，并主导系统演化的最终结构，即系统的序参量。系统由无序走向有序机理的关键在于系统内部序参量的协同作用，它左右着系统相变的特征与规律，耦合度正是反映这种协同作用的度量。

将协同原理与耦合原理相结合，要先选取系统主要的序参量，再分析系统间的协同发展机制和有序演化情况，判断其是否具有协同效应，最后再结合巴斯模型及动态方程来分析影响系统协同的内外部因素。

序参量是在协同系统发展过程中对整个系统产生影响且能反映系统特征的一个或几个变量，贯穿系统发展的始终，十分关键，故序参量的选取需要符合以下四个原则：

第一，代表性。选取的序参量要能够全面且合理地反映系统的特征，不能过多也不可过少。

第二，科学性。选取的序参量要具有实际的研究意义并且能够展现系统发展的客观规律，能够体现系统的发展方向。

第三，可获得性。选取序参量要考虑数据的可得性、获得数据的渠道的合理性，以及获取数据方法的科学性。

第四，适应性。系统之间的协同机制对外界因素存在较强的适应性。

5.1.1　序参量的贡献度

在确定好序参量之后，就要开始计算序参量贡献度。

假设系统符合 $S = F(S_1, S_2)$，参与主体 Ra 所在系统为 S_1，参与主体 Rb 所在系统为 S_2，其中每个子系统都有若干个序参量，其中 $S_1 = f(A_1, A_2, \cdots, A_i)$，$S_2 = f(B_1, B_2, \cdots, B_j)$。

子系统中不同的序参量的单位以及数据的量纲有所不同，为了消除不同量纲带来的影响，使不同的指标数据具有可比性，需要对数据进行无量纲化的标准化处理。

在对序参量进行标准化处理之前，需要明确序参量对于系统的影响程度。当系统中起决定作用的慢变量增大时，系统的有序度和协同性增强，对子系统的贡献作用增强，对子系统的贡献作用为正，这种序参量越大越好，可表示如下：

$$E(X_{ij}) = \frac{x_{ij} - b_{ij}}{a_{ij} - b_{ij}} \qquad (5-1)$$

当慢变量减小时，系统的有序度和协同性减弱，对子系统的贡献作用减弱，对子系统的贡献作用为负，这种序参量越小越好，可表示如下：

$$E(X_{ij}) = \frac{a_{ij} - x_{ij}}{a_{ij} - b_{ij}} \qquad (5-2)$$

其中，x_{ij} 为序参量指标 i 的第 j 个指标值（$i = 1$，2，3，…，m；$j = 1$，2，3，…，n）；m 表示序参量的指标个数；n 表示每个序参量中含有的样本数。a_{ij}、b_{ij} 分别表示序参量 x_{ij} 临界点的上限和下限，其中 $b_{ij} < x_{ij} < a_{ij}$。为了不出现贡献度为 0 的现象，将 a_{ij}、b_{ij} 定义为：$a_{ij} = \max(x_{ij}) \times (1 + 5\%)$，$b_{ij} = \min(x_{ij}) \times (1 - 5\%)$。

5.1.2 序参量的熵权重计算

参与协同的子系统各个维度的指标对系统的影响程度是不一样的，具体的体现就是权重不一样。

确定指标的权重方法有主管权重、行为权重和客观权重。主管权重是由专家直接对指标赋权重，但是专家给出的权重总给人太过主观的感觉。行为权重一般以层次分析法为代表（Analytical Hierarchy Process，AHP），虽然权重可以通过计算得到，但是计算权重的判断矩阵还需要专家给出，也有部分主观成分。相比之下，熵权则是完全基于客观的数据分布情况计算得到的，是客观权重。

在标准化数据后，通过客观赋权法中的熵权法计算相应子系统的权重。我们可以通过计算每个指标的信息熵来估算它们的权重。这种方法能够帮助我们更准确地评估指标体系，并且更好地理解它们的变化情况。如果变化情况很好，则表示这个指标体系包含了完整的信息，以及它对整个系统的影响很大，因此它的权重也相应地更高。相反，如果变化情况很差，则表示这个指标的权重更低。因为熵值较大，所以其权重较低。

在使用熵权法的过程中，第一，需要计算系统中各个序参量对于子系统的贡献度 S_{ij}：

$$S_{ij} = \frac{E(x_{ij})}{\sum_{j=1}^{n} E(x_{ij})} \tag{5-3}$$

第二，据信息熵的计算公式计算出各序参量的信息熵 e_i：

$$e_i = -\sum_{j=1}^{n} \frac{S_{ij} \ln S_{ij}}{\ln(n)} \tag{5-4}$$

当 $x_{ij} = 0$ 时，S_{ij} 为 0，此时 $\ln S_{ij}$ 为无限值，因此需要对 x_{ij} 进行平移，其修正公式为：

$$S_{ij} = \frac{A + x_{ij}}{\sum_{j=1}^{n} (A + x_{ij})} \tag{5-5}$$

其中，A 为平移幅度，在此取值为 1。与此同时，可以计算出各序参量的冗余值 g_i：

$$g_i = 1 - e_i \tag{5-6}$$

第三，通过信息熵可得到各序参量的权重 w_i，即归一化的权重值：

$$w_i = \frac{g_i}{\sum\limits_{i=1}^{m} g_i} \qquad (5-7)$$

5.1.3　序参量的有序度计算

综合考虑各个序参量对于系统的影响程度后，可以得到子系统的有序度。

一般来说，有两种常见的集成方式，一是几何平均法，二是加权求和法。由于每个系统的序参量对该系统的影响都有所不同，故本书采用了更为准确的加权求和法，最后求出不同时间下子系统的有序度 $M(x_i)$ ，具体计算公式为：

$$M(x_i) = \sum_{i=1}^{m} W_{ij} E(x_{ij}) \qquad (5-8)$$

其中， $\sum\limits_{i=1}^{m} W_{ij} = 1$ 。

5.2　协同度的计算

耦合度是描述系统或要素相互影响的程度，是对系统间协同作用的度量。借鉴物理学中容量耦合（Capacitive Coupling）的概念以及容量耦合系数模型，推广得到多个系统相互作用的耦合度模型为：

$$C_n = \left[\frac{M_1 \cdot M_2 \cdot \cdots \cdot M_n}{\Pi(M_i + M_j)} \right]^{\frac{1}{n}} \qquad (5-9)$$

本书研究有两个参与协同子系统的（Ra、Rb）协同效果，故取 $n=2$，更新为如下公式：

$$C = \left[\frac{M_1 \cdot M_2}{(M_1 + M_2)^2} \right]^{\frac{1}{2}} \tag{5-10}$$

该公式反映了 t 时刻两个系统之间的协调程度。其中 M_1、M_2 分别为参与协同子系统的有序度。

由式（5-10）可知，耦合度值 $C \in [0,1]$。当 $C=1$ 时，耦合度最大，系统直接或系统内部要素达到良性共振耦合，系统将趋向新的有序结构；当 $C=0$ 时，耦合度极小，系统直接或系统内部要素之间处于无关状态，系统将向无序发展。

然而，耦合度在两个系统都具有动态性和不平衡性时很难反映出系统整体的"功效"与"协同效应"。为了避免出现两个子系统都处于较低发展水平但二者却能够成功协调的异常情况，需要将两个参与主体所在的子系统看作一个整体，来计算整体的协同度，协同度的算法可以表示为：

$$\begin{cases} D(t) = (C \cdot T)^{\frac{1}{2}} \\ T = aM_1 + bM_2 \end{cases} \tag{5-11}$$

其中，D 为耦合协同度；T 为系统整体综合调和指数，它反映子系统所构成的整体协调效应；a、b 为待定系数。在实际应用中最好使 $T \in (0,1)$，这样可以使 $D \in (0,1)$。为了便于计算，在此将 $a=b=\frac{1}{2}$，式（5-11）整理如下：

$$D(t) = \left(C \times \frac{M_1 + M_2}{2} \right)^{\frac{1}{2}} \tag{5-12}$$

$D(t)$ 越接近 1，子系统内部之间协同发展的有效性越高，系

$D(t)$ 越接近 1，子系统内部之间协同发展的有效性越高，系统越趋向于有序结构，系统的协同度越高。

协同度的计算过程与步骤如下：

（1）确定协同系统的序参量。

（2）计算各序参量的贡献度。

（3）确定各序参量的权重。

（4）计算序参量的有序度。

（5）计算序参量的协同度。

5.3　协同溢出效应的参数辨识

5.3.1　协同内外部价值溢出的参数辨识

在式（3-1）巴斯模型的基础上，从协同效应的角度来看，考虑随机扰动项，基于巴斯扩散模型的协同模型可以进一步表示为：

$$\frac{\mathrm{d}N(t)}{\mathrm{d}t} = n(t) = p\left[m - N(t)\right] + q\left[\frac{N(t)}{m}\right]\left[m - N(t)\right] + \varepsilon(t_i)$$

$$n(t_i) = pm + (q - p)N(t_{i-1}) - \frac{q}{m}N^2(t_{i-1}) + \varepsilon(t_i)$$

$$n(t_i) = a_1 + a_2 N(t_{i-1}) + a_3 N^2(t_{i-1}) + \varepsilon(t_i) \tag{5-13}$$

站在系统协同的角度，$p\left[m - N(t)\right]$ 代表内部价值溢出效应，p 为内部价值溢出系数；$q\left[\dfrac{N(t)}{m}\right]\left[m - N(t)\right]$ 代表外部价值溢出效

应，q 是外部价值溢出系数，其他参数的含义和式（3-1）相同。

采用普通最小二乘法（Ordinary Least Squares，OLS），估计回归系数 $\hat{a_1}$、$\hat{a_2}$、$\hat{a_3}$，则系统协同的参数 p、q、m 的估计量可以间接通过转换的方式得到：

$$\hat{p} = \frac{\hat{a_1}}{\hat{m}}$$

$$\hat{q} = -\hat{a_3}\hat{m}$$

$$\hat{m} = \frac{-\hat{a_2} - \sqrt{\hat{a_2^2} - 4\,\hat{a_1}\hat{a_3}}}{2\,\hat{a_2}} \tag{5-14}$$

因此，协同模型的内外部价值溢出的参数辨识算法如下：

（1）建立基于巴斯扩散模型的系统协同模型。

（2）抽取参与协同系统各样本不同年份的数据。

（3）通过回归分析得到回归方程的系数。

（4）通过参数的对应关系得到协同内外部价值溢出效应以及溢出的价值总量。

（5）通过得到的系统协同参数，进一步判断系统协同的平衡点情况。

5.3.2　协同内外部价值溢出影响系数的参数辨识

由第 3 章的式（3-13）可知，在一个系统内，两个子系统协同后资源的价值溢出可以表达为：

$$\begin{cases} \dfrac{\mathrm{d}[m(t)]}{\mathrm{d}t} = [k - m(t) - \delta n(t)][p_1 + q_1 m(t)] \\[3mm] \dfrac{\mathrm{d}[n(t)]}{\mathrm{d}t} = [k - n(t) - \beta m(t)][p_2 + q_2 n(t)] \end{cases} \quad (5\text{-}15)$$

其中，k 为协同参与主体的所有资源的潜在存量；$m(t)$、n (t) 分别为 t 时刻参与主体 Ra、Rb 现有的资源存量，δ、β 代表协同后在 CAs（协同联盟）内 Rb 的资源存量对于 Ra 的协同价值溢出的影响系数，以及 Ra 的资源存量对于 Rb 的协同价值溢出的影响系数。

对该方程进行离散化处理后，可以得到：

$$\begin{cases} m(t+1) = [k_1 - m(t) - \delta n(t)][p_1 + q_1 m(t)] \\[2mm] n(t+1) = [k_2 - n(t) - \beta m(t)][p_2 + q_2 n(t)] \end{cases} \quad (5\text{-}16)$$

协同模型的参数是对要素之间协同与竞争作用大小的衡量，这些参数可以通过参数估计近似得出。考虑到两个系统离散化运动方程的特征，故采用最小二乘法对协同模型的控制参数 α、β 进行参数估计。

第一，对 Ra 子系统进行参数估计，先估计出回归系数 $\hat{c_1}$、$\hat{c_2}$、$\hat{c_3}$、$\hat{c_4}$、$\hat{c_5}$，则系统协同参数 k_1、δ 可以通过间接转换的方式得到：

$$\begin{aligned} m(t+1) &= [k_1 - m(t) - \delta n(t)][p_1 + q_1 m(t)] \\ &= k_1 p_1 - (q_1 k_1 + p_1) X_1 - q_1 X_2 - \delta p_1 X_3 - q_1 \delta X_4 \\ &= c_1 - c_2 X_1 - c_3 X_2 - c_4 X_3 - c_5 X_4 \end{aligned} \quad (5\text{-}17)$$

其中，X_1 至 X_5 为参数估计过程中的新生成的辅助变量，$X_1 = m(t)$；$X_2 = m(t)^2$；$X_3 = n(t)$；$X_4 = m(t)n(t)$。对于给定的 $\hat{c_1}$、

$\hat{c}_2$、$\hat{c}_3$、$\hat{c}_4$、$\hat{c}_5$，参数k_1，δ的估计量可由以下方程得到：

$$\hat{k}_1 = \frac{\hat{c}_1}{\hat{p}_1} = \frac{\hat{c}_1 \hat{m}}{\hat{a}_1}$$

$$\hat{\delta} = \frac{\hat{c}_4}{\hat{p}_1} = \frac{\hat{c}_4 \hat{m}}{\hat{a}_1}$$

(5-18)

第二，对 Rb 子系统进行参数估计，先估计出回归系数$\hat{d}_1$、$\hat{d}_2$、$\hat{d}_3$、$\hat{d}_4$、$\hat{d}_5$，则系统协同参数k_2、β可以通过间接转换的方式得到：

$$
\begin{aligned}
n(t+1) &= [k_2 - n(t) - \beta m(t)][p_2 + q_2 n(t)] \\
&= k_2 p_2 - (q_2 k_2 + p_2) X_5 - q_2 X_6 - \beta p_2 X_7 - q_2 \beta X_4 \\
&= d_1 - d_2 X_5 - d_3 X_6 - d_4 X_7 - d_5 X_8
\end{aligned}
$$

(5-19)

其中，X_5至X_8为参数估计过程中的新生成的辅助变量，$X_5 = n(t)$；$X_6 = n(t)^2$；$X_7 = m(t)$。对于给定的$\hat{d}_1$、$\hat{d}_2$、$\hat{d}_3$、$\hat{d}_4$、$\hat{d}_5$，参数k_2，β的估计量可由以下方程得到：

$$\hat{k}_2 = \frac{\hat{d}_1}{\hat{p}_2} = \frac{\hat{d}_1 \hat{m}}{\hat{a}_1}$$

$$\hat{\beta} = \frac{\hat{d}_4}{\hat{p}_2} = \frac{\hat{d}_4 \hat{m}}{\hat{a}_1}$$

(5-20)

因此，协同模型的价值溢出的影响参数辨识算法如下：

（1）确定参与协同子系统的价值溢出方程。

（2）抽取参与协同系统各子样本不同年份的数据。

（3）根据回归分析得到回归方程的系数。

（4）采用参数转换的方式得到各价值溢出系数。

5.4 综合价值溢出模型

Ra 与 Rb 是协同中任意两个参与协同的主体（即 Ra，Rb ∈ CA$_s$），则 Ra，Rb 之间存在协同经济增长的溢出需求。δ 表示参与主体协同后在 CA$_s$ 内 Rb 的资源存量对于 Ra 的协同价值溢出的影响系数，$\delta>0$。如果 δ 值越大，Rb 对 Ra 的影响就越大，协同效应越差；反之亦然。

β 表示参与主体协同后在 CA$_s$ 内 Ra 的资源存量对于 Rb 的协同价值溢出的影响系数，$\beta>0$。如果 β 值越大，Ra 对 Rb 的影响越大，协同效应越差；反之亦然。

因此，在实现协同后，定义 Ra，Rb 的内外部综合协同的经济增长溢出效应为：

$$Z_a = p_a(A/B) + \delta q_a \ (A/B) \tag{5-21}$$

$$Z_b = p_b(B/A) + \beta q_b \ (B/A) \tag{5-22}$$

5.5 本章小结

本章将耦合理论与协同理论相结合，先通过回归分析确定了系统的序参量，并在此基础上计算了各个序参量的有序度与协同度；之后给出了基于巴斯扩散模型的协同内外部价值溢出的参数估算方法，以及估算出价值溢出的影响系数，最后在此基础上建立了系统协同的综合价值溢出模型，为后面的实证分析提供了理论基础。

6 广州市跨境电商与跨境物流
协同的实证分析

作为一种新型的国际贸易形式，跨境电商通过电子商务平台把传统的销售、购物渠道转移到了网上，实现了全球化的在线交易和跨境完成商品交付。跨境电商以其全球性、即时性和快速演进等特点打破了国家与国家之间或有形或无形的贸易壁垒，节省了交易的中介环节，在全世界范围内发展迅猛。跨境物流则是在电子商务的环境下，依靠电子信息技术完成不同国家或地区之间商品交付的物流活动。物流业是电商贸易的保障，电商贸易的发展又能推动物流业的繁荣。跨境电商的发展与跨境物流的发展高度正相关，相互影响，相互促进。

跨境电商与跨境物流作为跨境系统的两大关键子系统，其协同发展对于区域经济发展、价值实现的促进作用不言而喻。本研究选择了粤港澳大湾区跨境电商与跨境物流行业发展相对成熟的广州市，引入我国近几年跨境电商与跨境物流的行业数据，并结合协同理论和巴斯扩散模型对跨境电商和跨境物流两个子系统之间的协同水平进行实证分析和研究。

6.1 案例背景

近年来，跨境电商和跨境物流的发展取得了显著进展，随着跨境贸易机制的不断完善和国际物流网络的不断扩大，跨境电商渠道得到了迅速发展，"买全球、卖全球"的实施也使得我国跨境电商和跨境物流的行业规模大幅提升。自阿里巴巴国际站、敦煌网、考拉海淘等跨境电商平台出现以来，我国的跨境电商在不断强化在线交易功能的同时，整合了支付、结算、物流、金融等功能，深化了供应链的建设能力，带动了跨境物流行业的发展，逐步形成稳定的跨境生态。跨境电商与跨境物流作为跨境系统的两大关键子系统，其协同发展对于区域经济发展、价值实现的促进作用不言而喻。因此，了解跨境电商和跨境物流规模的现状以及未来发展的趋势，据此完善其跨境服务能力是非常有必要的。当前我国的跨境电商行业仍处于快速发展阶段，且跨境物流行业还具有较大的发展空间。如何提高跨境电商与跨境物流的协同水平，有效推动价值实现，是现阶段有待解决的问题。

过往有许多学者研究了跨境电商和跨境物流的影响因素。Gao 等（2018）研究发现，投资运输的基础设施（如铁路、公路）会促进经济增长；吴玉、郜镓滨（2016）在研究电子商务与物流协同发展的过程中将交通运输仓储及邮政业的投资增加值作为物流业的序参量；杨明路等（2019）在研究农产品电子商务与物流协同发展中，以货运量、物流业固定资产投资作为物流系统的序参量；王敏等（2022）在研究新疆跨境电商与跨境物流协同发展中将快递业务量、快递收入、国际航线总长度、国际铁路营业里程以及航空货物吞吐量作为跨境物流系统的序参量；钟铭等（2011）在研究港口物流与城市经济协同发展中，将社会消费品零售总额、进出口总额等作为城市经济系统的序参量；张中强等（2013）在研究区域经济与区域物流协同发展状况中将交通运输仓储和邮电投资、货运量等作为区域物流的序参量。

广州地处珠江三角洲北缘，濒临南海，毗邻港澳，位于粤港澳大湾区，是中国南大门，是"一带一路"的枢纽城市，拥有优越的政策环境和地理位置、较强的物流基础设施、发达的国际物流以及便捷的通关条件，是我国对外贸易的重要枢纽。广州市在2013年被评为全国首批跨境电商试点城市，2016年被批准为国家跨境电商综合试验区，并建立了全国最大的跨境电商地方公共服务平台，涵盖了各种商品品类，拥有多个特色线下跨境电商园区，形成了海上、陆地、空中、邮政等多个方面协同发展的格局。广州跨境电商的业务规模大、政策举措多、市场主体强、集聚效益好，其发展取得了显著的成效。

6.2　序参量的选择

合理选取指标对于跨境电商与跨境物流系统水平的测算具有重要作用，经过精心筛选，我们最终在2014年至2021年期间，根据广州市的实际情况及数据的可靠性、可获得性、代表性等因素，从多个指标中挑选出 6 个具有重大影响力的指标，8 个用于衡量跨境电商与跨境物流的相关指标，并将其纳入本次研究的序参量的选取方法，以期达到最佳的效果。这两个领域的发展情况可以反映跨境电商和跨境物流的现状。

本研究主要从交易规模和发展潜力两个角度衡量跨境电商子系统，具体的指标及指标方向如表 6-1 所示。

表 6-1　广州市跨境电商子系统指标体系

一级指标	二级指标	指标代码	指标方向
交易规模	跨境电商贸易总额/亿元	A_1	+
	进出口贸易总额/亿元	A_2	+
	跨境电商占进出口贸易比例/%	A_3	+
发展潜力	社会消费品零售总额/亿元	A_4	+
	居民消费水平/元	A_5	+
	网民数量/万人	A_6	+

（1）交易规模。交易规模是指在一定时期内交易的数量和交易的金额，是直接衡量跨境电商发展水平的一个重要且直观的指标。本研究选用了跨境电商贸易总额、进出口贸易总额以及跨境电商占进出口贸易比例 3 个二级指标作为直接衡量交易规模的具体指标，具体分析如下：

在跨境电商行业里，交易规模具体体现在跨境电商贸易总额这一指标上。跨境电商贸易总额是一定时间段内网站的成交金额，包含付款和未付款的部分。跨境电商的交易规模越大，对跨境电商交易的促进作用就越大，当地的跨境电商发展水平就越高。交易规模真实地反映了市场供给与需求的状况。而且通过交易规模也能分析市场结构，寻找进一步发展的空间。

跨境电商贸易是国家进出口贸易的一部分，其发展的空间也取决于进出口贸易总额的大小。进出口贸易总额是国家的出口商品服务和进口商品服务的总和。跨境电商凭借其极大的发展潜力和强劲的产业带动作用，成了当今推动外贸发展的新动能，在进出口贸易中占的比例逐年稳步增大。近年来线上贸易发展迅速，传统外贸线上化的趋势愈加明显，因此本研究选择了进出口贸易总额和跨境电商占进出口贸易的比例两个指标来观察跨境电商对传统外贸的影响。

（2）发展潜力。衡量一个地区跨境电商的发展水平不仅仅要关注其目前的发展水平，更要跟进该地区跨境电商的发展潜力，并尽可能地对其进行挖掘。对于发展潜力，本研究选用社会消费品零售总额、居民消费水平以及网民数量作为衡量跨境电商发展潜力的二级指标，具体的分析如下：

随着对外开放的不断深化，进口商品日益丰富了国内的消费市场。社会消费品零售总额表示一个国家或地区社会消费品的实际销售额，反映了该国家或地区的经济状况。居民消费水平是指常住居民为了直接满足生活需要在国内外市场上购买和使用货物及服务的人均消费支出。消费者支出可以通过购买商品的数量和质量来衡量。网民数量反映了半年内一个国家或地区使用过互联网的人数，在一定程度上表示了其居民对于跨境电商的接受程度。

现阶段，我国的居民消费结构仍处于持续升级的阶段，消费者的需求日益多元化。跨境电商将传统的国际贸易信息化、电子化，给消费者带来了海量、多样、高性价比的商品以及简单的购物流程，使越来越多的人将更多的目光投向全世界，在全球追求更优质的产品，跨境消费也随之增长。就消费端而言，跨境电商消费的市场潜力大，具有广阔的发展空间。

跨境电商为满足人们的跨境购买需求提供了非常便捷的渠道，伴随产生的跨境物流活动也相应增加。对于跨境物流子系统，本研究分别从收入、运输量、基础设施建设三个角度进行探究，具体的指标及指标方向如表6-2所示。

表6-2　广州市跨境物流子系统指标体系

一级指标	二级指标	指标代码	指标方向
收入	跨境邮政收入总额/亿元	B_1	+
运输量	国际及港澳台快递业务量/万件	B_2	+
	白云机场国际货运量/万吨	B_3	+
	港口外贸货物吞吐量/万吨	B_4	+
基础设施建设	铁路营业里程/万公里	B_5	+
	国际航空航线里程/万公里	B_6	+
	主要港口码头泊位数/个	B_7	+
	交通、仓储和邮政业基础设施建设投资/亿元	B_8	+

（1）收入。收入直观地反映了一个行业的整体盈利能力，是跨境物流行业最直观的产出指标，考虑到跨境物流的特殊性，选

取跨境邮政收入总额作为衡量指标，其中包含了跨境电商最常用的"快递""包裹"等物流形式的收入。

（2）运输量。跨境电商的发展与物流的发展密切相关，它们的 QoS（Quality of service，服务质量）将会对消费者的购买体验产生深远的影响，进而推动跨境电商和跨境物流的发展。因此，快递业务量，货物配送速度，货物处理的时效性、安全性、准确性，都是评估跨境电商物流市场规模的关键参考。广州市的跨境电商业务目前以航空和海运两种运输方式为基础，这种多样化的物流服务使得市场规模不断扩大，有效推动了跨境电商业务的发展。本研究采用了国际及港澳台快递业务量、白云机场国际货运量以及港口外贸货物吞吐量 3 个二级指标来进一步衡量运输量。

（3）基础设施建设。跨境电商的成功取决于物流基础设施的完善，而这些基础设施的建立和维护将为跨境电商的发展助力，使得参与其中的企业数量大大增加，进而提升整体的运营效率。可以说，物流业是电商贸易的保障，而物流业的保障则是基础设施建设，基础设施建设是跨境物流行业的间接产出指标。现阶段，广州市已经形成了海、陆、空、邮齐头并进的协同发展局面。因此，本研究从海、陆、空以及整体四个方面对物流基础设施建设的情况进行量化，选择了铁路营业里程、国际航空航线里程、主要港口码头泊位数以及交通、仓储和邮政业基础设施建设投资 4 个二级指标。

铁路营业里程和国际航空航线里程是一个地区在一定时期内办理客货运输业务线的总长度，反映了一个地区的铁路运输、航空运输的发展情况。里程越大，表示该地区与其他地区的联系越紧密，也更加具有支撑跨境电商物流活动的能力。主要港口码头泊位数是指港口码头可同时停靠的船舶数量。泊位是港口装卸作业的一个基本单元，泊位数越多，表示该地区的港口在同一时间内可承担的装卸作业的范围越大。主要港口码头泊位数、铁路营业里程、国际航空航线里程3个指标从海、陆、空3个方面直观地展现了广州市现有的基础设施所形成的物流运输能力。而交通、仓储和邮政业基础设施建设投资则代表了广州市物流运输能力的提升空间。

6.3　数据来源及预处理

根据上述指标的选择，本研究以广州市跨境电商和跨境物流两个子系统合计14个指标作为跨境电商与跨境物流系统水平的测算基础，并分析两个子系统之间的协同程度，利用 Excel、SPSS 等软件对原始数据进行了预处理。

研究的数据主要来源于《广州市统计年鉴》《中国统计年鉴》《中国产业信息网》和广州市海关官网。对于存在极个别指标数据不可得的情况，采用简单的回归分析对缺失的数据进行估计。

由于广州市在2013年才正式设立跨境电商综合示范区，选取2013年后的相关数据更有研究意义，也更符合实际情况，故本研究选取了广州市2014年至2021年间跨境电商和跨境物流两个子系统的数据，以展示跨境电商与跨境物流两个行业近几年的发展情况，具体数据如表6-3所示。

表 6-3 广州市 2014—2021 年跨境电商数据

年份	跨境电商贸易总额/亿元	进出口贸易总额/亿元	跨境电商占进出口贸易比例/%	社会消费品零售总额/亿元	居民消费水平/元	网民数量/万人
2014	14.60	8 022.80	0.18	7 144.45	45 548	397
2015	68.50	8 306.28	0.82	7 987.96	52 159	425
2016	146.80	8 541.02	1.72	8 706.49	54 832	460
2017	227.70	9 715.52	2.34	9 402.59	57 246	495
2018	246.80	9 811.59	2.52	8 810.91	41 925	547
2019	385.90	10 001.04	3.86	9 551.57	46 702	578
2020	479.20	9 531.92	5.03	9 218.66	45 547	690
2021	742.70	10 824.94	6.86	10 122.56	47 765	818

为了增强不同年份之间数据的可比性,本研究剔除了物价浮动的影响,将当年价格转换成可比价格,广州市 2014—2021 年价格指数具体数据如表 6-4 所示。

表 6-4 广州市 2014—2021 年价格指数

年份	居民消费价格指数（上年=100）	居民消费价格指数（2014 年=100）
2014	102.00	100.00
2015	101.40	101.40
2016	102.00	103.43
2017	101.60	105.08
2018	102.10	107.29

（续上表）

年份	居民消费价格指数（上年＝100）	居民消费价格指数（2014年＝100）
2019	102.90	110.40
2020	102.50	113.16
2021	100.90	114.18

转换为可比价格后，相关数据如表6-5所示。

表6-5 广州市2014—2021年跨境电商可比价格数据

年份	跨境电商贸易总额/亿元	进出口贸易总额/亿元	跨境电商占进出口贸易比例/%	社会消费品零售总额/亿元	居民消费水平/元	网民数量/万人
2014	14.60	8 022.80	0.18	7 144.45	45 548.00	397
2015	67.55	8 191.60	0.82	7 877.67	51 438.86	425
2016	141.93	8 257.78	1.72	8 417.76	53 013.63	460
2017	216.69	9 245.58	2.34	8 947.79	54 477.02	495
2018	230.03	9 144.96	2.52	8 212.27	39 076.49	547
2019	349.55	9 058.91	3.86	8 651.78	42 302.54	578
2020	423.47	8 423.40	5.03	8 146.57	40 250.09	690
2021	650.46	9 480.59	6.86	8 865.44	41 833.07	818

表6-5的数据展示了广州市跨境电商的交易规模和发展潜力两个方面的6个指标，这6个指标虽较为宏观，但大体可以反映经济层面和社会层面的状况。

具体而言，在经济层面上，以跨境电商贸易总额、进出口贸易总额以及跨境电商占进出口贸易比例为代表的经济数据显示，除 2020 年跨境电商行业受到新冠肺炎疫情较大的影响，各个指标数据出现明显的异常波动之外，跨境电商贸易总额与进出口贸易总额每年仍保持着较高的增长率，跨境电商占进出口贸易比例也在逐年稳步增加，说明广州市跨境电商行业目前依旧保持快速增长的态势，充分验证了跨境电商行业的市场前景。

在社会层面上，社会消费品零售总额、居民消费水平、网民数量 3 个社会性指标，在一定程度上反映了跨境电商已经被大量的消费者接受。跨境电商的广泛使用一方面得益于经济的全球化和互联网技术的普及，另一方面得益于人们消费观念的转变和消费能力的增强。而疫情加速了跨境电商企业线上化的发展，使跨境电商的渠道变得更加丰富。跨境电商逐渐成为推动外贸转型升级的关键，获得了众多政策支持。

对于跨境物流行业，同样将跨境物流系统中关于价格的指标进行可比价格处理，得到的最终数据如表 6-6 所示。其中收入、运输量、基础设施建设三个方面的 8 个指标清晰地展示了广州市海、陆、空、邮齐头并进的跨境物流协同发展局面。收入和运输量的 4 个指标从总体层面直接反映了广州市跨境物流的发展状况。

表 6-6 广州市 2014—2021 年跨境物流可比数据

年份	跨境邮政收入总额/亿元	国际及港澳台快递业务量/万件	白云机场国际货运量/万吨	港口外贸货物吞吐量/万吨	铁路营业里程/万公里	国际航空航线里程/万公里	主要港口码头泊位数/个	交通、仓储和邮政业基础设施建设投资/亿元
2014	25.69	3 302.00	190	12 100.06	1652.91	56.03	863	670.71
2015	25.34	4 282.00	200	11 993.00	1652.91	67.44	870	631.68
2016	24.84	5 600.00	216	12 722.48	1652.91	76.57	807	792.27
2017	24.45	6 269.00	234	12 967.40	1652.91	108.54	807	883.23
2018	23.95	7 514.00	249	13 941.05	1652.91	63.98	807	914.06
2019	23.27	10 874.00	255	14 401.01	1652.91	65.77	809	1 060.90
2020	22.70	14 424.00	200	14 360.76	1652.91	87.29	724	976.89
2021	22.50	13 797.00	224	15 916.81	1652.91	55.52	588	1 051.47

基础设施建设中铁路营业里程、国际航空航线里程和主要港口码头泊位数 3 个指标具体展现了广州市现阶段跨境物流行业各细分门类的跨境物流服务能力。表 6-6 中的数据显示，广州市的铁路营业里程基本稳定，有效保障了铁路运输；而国际航空航线里程容易被国际形势影响，航线里程会有一定的浮动。2020 年以前，广州市国际航空航线里程大体呈现先快速增长，随后趋于稳定的态势。但 2020 年以后，受新冠肺炎疫情的影响，广州市的跨境航空运输业和航运业在短期内受到了强烈的冲击。国际运输受阻，物流周期延长，出现了许多岗位的工人不能到位，产品生产周期、清关周期延长等危机，国际航空航线里程和主要港口码头泊位数显著下降。未来，随着疫情形势的稳定和防疫政策的放开，国际供应链会逐步通畅，全球运力供给或将回归常态化水

平，广州市的跨境物流服务水平会逐步回归到正常状态。

此外，广州市近几年来对交通、仓储和邮政业的基础设施建设均保持着较为稳定的投资水平，为提升跨境物流服务水平打下了基础。跨境电商活动离不开海外仓库等物流基础设施的支撑。随着电子信息技术和全球经济一体化的不断深入，大数据、云计算、人工智能、区块链等数字技术已经迅速渗透到跨境物流行业的各个领域，为企业提供了更加便捷的服务，对交通、仓储和邮政业基础设施建设投资的关键作用日渐凸显。由于物流系统从进行相关投资到取得成效这个过程有一定的滞后性，广州市近几年较为稳定的基础设施投资会在未来发挥作用。

6.4　协同度的测算

6.4.1　序参量贡献度计算

由于不同的序参量的单位以及数据的量纲有所不同，为了使数据具有可比性，本研究采用极差标准化法对数据进行无量纲化处理。由于跨境电商与跨境物流系统中序参量都是正效用，是越大越好的指标，故用式（6-1）计算各序参量的贡献度：

$$E(X_{ij}) = \frac{x_{ij} - b_{ij}}{a_{ij} - b_{ij}} \tag{6-1}$$

（1）跨境电商无量纲化计算。

以 A_1 的数据为例，该指标全部统计年份的最小值为 14.60，确定其下界为 14.60×(1−5%)=13.87，全部统计年份中的最大值为 650.46，确定其上界为 650.46×(1+5%)=682.98。

A_1 指标在 2014 年的值为 14.60，故其无量纲化的值为 $E(X_{11})=\dfrac{14.60-13.87}{682.98-13.87}=0.0011$。

（2）跨境物流无量纲化计算。

以 B_1 的数据为例，该指标全部统计年份的最小值为 22.50，确定其下界为 22.50×(1−5%)=21.38，全部统计年份中的最大值为 25.69，确定其上界为 25.69×(1+5%)=26.97。

B_1 指标在 2014 年的值为 25.69，故其无量纲化的值为 $E(X_{71})=\dfrac{25.69-21.38}{26.97-21.38}=0.7710$。

按照以上计算，跨境电商无量纲化处理后的具体数据如表 6-7 所示。

表 6-7 广州市 2014—2021 年跨境电商标准化数据

指标代码	序号	1 (2014)	2 (2015)	3 (2016)	4 (2017)	5 (2018)	6 (2019)	7 (2020)	8 (2021)
A_1	1	0.0011	0.0802	0.1914	0.3031	0.3231	0.5017	0.6122	0.9514
A_2	2	0.1719	0.2443	0.2727	0.6961	0.6529	0.6161	0.3437	0.7968
A_3	3	0.1370	0.3126	0.4996	0.6808	0.5268	0.7196	0.6329	0.8682
A_4	4	0.4196	0.7130	0.7915	0.8643	0.0973	0.2580	0.1558	0.2346
A_5	5	0.0025	0.0331	0.1044	0.2369	0.3795	0.5425	0.8176	0.9501
A_6	6	0.0013	0.0927	0.2199	0.3087	0.3333	0.5242	0.6904	0.9512

按照以上计算，跨境物流无量纲化处理后的具体数据如表

6-8所示。

表 6-8　广州市 2014—2021 年跨境物流标准化数据

指标代码	序号	1 (2014)	2 (2015)	3 (2016)	4 (2017)	5 (2018)	6 (2019)	7 (2020)	8 (2021)
B_1	7	0.771 0	0.707 3	0.618 6	0.548 7	0.458 9	0.338 4	0.237 1	0.200 9
B_2	8	0.013 7	0.095 4	0.205 1	0.260 8	0.364 5	0.644 3	0.939 9	0.887 7
B_3	9	0.108 4	0.229 8	0.409 1	0.614 1	0.791 2	0.854 3	0.229 3	0.503 2
B_4	10	0.132 9	0.112 7	0.249 9	0.295 9	0.479 0	0.565 4	0.557 9	0.850 4
B_5	11	0.500 0	0.500 0	0.500 0	0.500 0	0.500 0	0.500 0	0.500 0	0.500 0
B_6	12	0.053 7	0.240 0	0.389 2	0.911 4	0.183 5	0.212 8	0.564 3	0.045 3
B_7	13	0.857 7	0.877 4	0.699 9	0.699 9	0.699 9	0.705 6	0.466 0	0.082 8
B_8	14	0.189 1	0.074 7	0.417 6	0.596 1	0.623 6	0.884 8	0.650 7	0.788 8

注：限于版面，以下表格中的序号省略，只保留对应年份。

　　根据上述标准化后的数据以及式（5-3）计算广州市跨境电商和跨境物流两个子系统的各个序参量的贡献度S_{ij}。

（3）跨境电商贡献度计算。

以A_1的 2014 年数据为例，A_1在 2014 年的无量纲化的值为$E(X_{11}) = 0.001 1$，A_1指标在统计年份综合贡献度$\sum_{j=1}^{8} E(x_{1j}) = 2.964 2$。

　　故A_1指标贡献度$S_{11} = \dfrac{E(x_{11})}{\sum_{j=1}^{n} E(x_{1j})} = \dfrac{0.001 1}{2.964 2} = 0.000 4$。

（4）跨境物流贡献度计算。

以B_1的 2014 年数据为例，B_1在 2014 年的无量纲化的值为

$E(X_{71}) = 0.771\ 0$，B_1 指标在统计年份综合贡献度 $\sum\limits_{j=1}^{8} E(x_{7j}) = 3.880\ 9$。

故 B_1 指标贡献度 $S_{71} = \dfrac{E(x_{81})}{\sum\limits_{j=1}^{n} E(x_{8j})} = \dfrac{0.771\ 0}{3.880\ 9} = 0.198\ 7$。

按照以上计算，跨境电商序参量的贡献度的具体数据如表 6-9 所示。

表 6-9　广州市 2014—2021 年跨境电商序参量的贡献度

子系统	指标代码	2014	2015	2016	2017	2018	2019	2020	2021
跨境电商	A_1	0.000 4	0.027 1	0.064 6	0.102 3	0.109 0	0.169 2	0.206 5	0.321 0
	A_2	0.045 3	0.064 4	0.071 9	0.183 4	0.172 1	0.162 4	0.090 6	0.210 0
	A_3	0.031 3	0.071 4	0.114 1	0.155 5	0.120 3	0.164 4	0.144 6	0.198 3
	A_4	0.118 7	0.201 8	0.223 9	0.244 6	0.027 5	0.073 0	0.044 1	0.066 4
	A_5	0.000 8	0.010 8	0.034 1	0.077 2	0.123 8	0.176 9	0.266 6	0.309 8
	A_6	0.000 4	0.029 7	0.070 4	0.098 9	0.106 7	0.167 9	0.221 2	0.304 7

按照以上计算，跨境物流序参量的贡献度的具体数据如表 6-10 所示。

表 6-10　广州市 2014—2021 年跨境物流序参量的贡献度

子系统	指标代码	2014	2015	2016	2017	2018	2019	2020	2021
跨境物流	B_1	0.198 7	0.182 3	0.159 4	0.141 4	0.118 3	0.087 2	0.061 1	0.051 8
	B_2	0.004 0	0.028 0	0.060 1	0.076 5	0.106 8	0.188 9	0.275 5	0.260 2
	B_3	0.029 0	0.061 4	0.109 4	0.164 2	0.211 6	0.228 5	0.061 3	0.134 6
	B_4	0.041 0	0.034 8	0.077 0	0.091 2	0.147 6	0.174 3	0.172 0	0.262 1
	B_5	0.125 0	0.125 0	0.125 0	0.125 0	0.125 0	0.125 0	0.125 0	0.125 0
	B_6	0.020 6	0.092 3	0.149 7	0.350 5	0.070 6	0.081 8	0.217 0	0.017 4
	B_7	0.168 5	0.172 4	0.137 5	0.137 5	0.137 5	0.138 6	0.091 6	0.016 3
	B_8	0.044 8	0.017 7	0.098 8	0.141 1	0.147 6	0.209 4	0.154 0	0.186 7

6.4.2　序参量的权重计算

计算各个序参量的贡献度之后，利用熵权法计算各个指标的权重。

（1）跨境电商权重计算。

以 A_1 的 2014 年数据为例，A_1 在 2014 年的贡献度 $S_{11} = 0.000\ 4$，统计年份为 8 年，则 A_1 的信息熵 $e_1 = -\sum_{j=1}^{8} \dfrac{S_{1j} \ln S_{1j}}{\ln 8} = -\left(-\dfrac{1.743\ 8}{2.079\ 4}\right) = 0.84$，$A_1$ 的冗余值 $g_1 = 1 - e_1 = 0.16$，故 A_1 的权重 $w_1 = \dfrac{g_1}{\sum\limits_{i=1}^{8} g_{1i}} = 0.12$。

（2）跨境物流贡献度计算。

以 B_1 的 2014 年数据为例，B_1 在 2014 年的贡献度 $S_{71} = 0.1987$，统计年份为 8 年，则 B_1 的信息熵 $e_7 = -\sum_{j=1}^{8} \frac{S_{8j}\ln S_{8j}}{\ln 8} = -\left(-\frac{1.9901}{2.0794}\right) = 0.96$，$B_1$ 的冗余值 $g_7 = 1 - e_7 = 0.04$，故 B_1 的权重 $w_7 = \frac{g_7}{\sum_{i=1}^{8} g_{7i}} = 0.03$。

按照以上计算过程，广州市跨境电商子系统中序参量的信息熵、冗余值及权重的具体计算结果如表 6-11 所示。

表 6-11 2014—2021 年广州市跨境电商子系统序参量的信息熵、冗余值及权重

子系统	指标代码	e_i	g_i	w_i
跨境电商	A_1	0.84	0.16	0.12
	A_2	0.94	0.06	0.04
	A_3	0.96	0.04	0.03
	A_4	0.90	0.10	0.08
	A_5	0.79	0.21	0.15
	A_6	0.85	0.15	0.11

按照以上计算过程，广州市跨境物流子系统中序参量的信息熵、冗余值及权重的具体计算结果如表 6-12 所示。

表 6-12 2014—2021 年广州市跨境物流子系统序参量的信息熵、冗余值及权重

子系统	指标代码	e_i	g_i	w_i
跨境物流	B_1	0.96	0.04	0.03
	B_2	0.84	0.16	0.12
	B_3	0.92	0.08	0.06
	B_4	0.92	0.08	0.06
	B_5	1.00	0.00	0.00
	B_6	0.84	0.16	0.12
	B_7	0.95	0.05	0.03
	B_8	0.93	0.07	0.05

6.4.3 序参量的有序度计算

综合考虑各个序参量对于系统的影响程度后，可以得到子系统的有序度。由于每个系统的序参量对该子系统的影响有所不同，本研究采用了加权求和法，求出不同时间 t 的各个子系统序参量的有序度的综合评分 $M(x_i)$。

（1）跨境电商有序度综合评分计算。

以 A_1 的 2014 年数据为例，A_1 在 2014 年的 $E(X_{11}) = \dfrac{14.6-13.87}{682.98-13.87} = 0.0011$，$A_1$ 在统计年份中的权重 $w_{11} = 0.1394$，故 A_1 在 2014 年的有序度为 $\sum\limits_{i=1}^{8} w_{11}E(x_{11}) = 0.0002$。

（2）跨境物流有序度综合评分计算。

以 B_1 的 2014 年数据为例，B_1 在 2014 年的 $E(X_{71}) =$ $\dfrac{25.69-21.38}{26.97-21.38} = 0.7710$，$B_1$ 在统计年份中的权重 $w_{71} = 0.1201$，故 B_1 在 2014 年的有序度为 $\sum\limits_{i=1}^{8} w_{71} E(x_{71}) = 0.0925$。

按照以上具体的计算，广州市 2014—2021 年跨境电商子系统序参量的有序度的计算结果如表 6-13 所示。

表 6-13　广州市 2014—2021 年跨境电商子系统序参量的有序度

指标代码	2014	2015	2016	2017	2018	2019	2020	2021
A_1	0.000 2	0.010 7	0.024 5	0.037 6	0.039 9	0.059 9	0.072 1	0.109 5
A_2	0.022 7	0.031 7	0.035 1	0.083 9	0.079 0	0.074 9	0.043 6	0.095 1
A_3	0.018 4	0.040 3	0.062 5	0.083 2	0.065 6	0.087 6	0.077 8	0.104 2
A_4	0.051 9	0.084 8	0.093 5	0.101 5	0.013 0	0.033 0	0.020 5	0.030 2
A_5	0.000 4	0.004 5	0.013 7	0.029 7	0.046 1	0.064 2	0.094 2	0.108 8
A_6	0.000 2	0.012 3	0.028 0	0.038 4	0.041 2	0.062 7	0.081 0	0.109 8

按照以上具体的计算，广州市 2014—2021 年跨境物流子系统序参量的有序度的计算结果如表 6-14 所示。

表 6-14　广州市 2014—2021 年跨境物流子系统序参量的有序度

指标代码	2014	2015	2016	2017	2018	2019	2020	2021
B_1	0.092 5	0.085 4	0.075 5	0.067 5	0.057 2	0.043 1	0.030 9	0.026 4
B_2	0.001 9	0.012 7	0.026 3	0.033 0	0.045 1	0.076 4	0.108 9	0.103 1
B_3	0.014 6	0.029 8	0.051 1	0.074 4	0.094 1	0.101 1	0.029 7	0.061 9
B_4	0.017 6	0.015 0	0.031 9	0.037 4	0.058 4	0.068 1	0.067 3	0.099 8
B_5	0.062 5	0.062 5	0.062 5	0.062 5	0.062 5	0.062 5	0.062 5	0.062 5
B_6	0.007 2	0.030 0	0.046 9	0.104 8	0.023 3	0.026 8	0.066 2	0.006 1
B_7	0.104 1	0.106 4	0.086 3	0.086 3	0.036 3	0.086 9	0.059 2	0.011 4
B_8	0.024 9	0.010 2	0.052 5	0.073 1	0.076 2	0.105 4	0.079 2	0.094 7

由此，可以得到广州市跨境电商和跨境物流两个子系统的有序度，结果如表 6-15 所示。

表 6-15　广州市 2014—2021 年跨境电商及跨境物流子系统的有序度

子系统	2014	2015	2016	2017	2018	2019	2020	2021
跨境电商	0.093 7	0.184 3	0.257 2	0.374 3	0.234 9	0.382 3	0.389 2	0.557 7
跨境物流	0.325 4	0.352 0	0.433 0	0.539 0	0.503 2	0.570 4	0.503 9	0.465 9

为使结果更加直观，将 2014—2021 年广州市跨境电商及跨境物流子系统的有序度绘制成图 6-1。

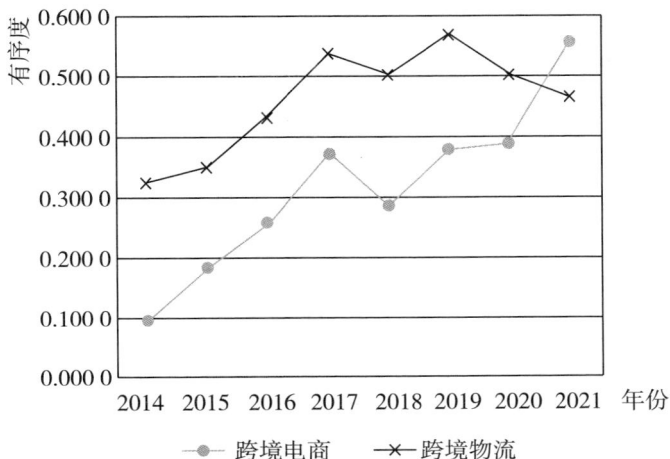

图 6-1 广州市跨境电商和跨境物流子系统的有序度

由图 6-1 可知，2014 年至 2021 年广州市跨境电商和跨境物流两个子系统的有序度综合评分总体呈上升的态势。2017 年后跨境电商及跨境物流两个子系统的有序度均出现小幅度的下降，可能受到了美国和英国加息、"特朗普税改"等国际性事件对全球经济以及流动性的影响。2019 年至 2021 年跨境物流的有序度下降，可能是受到新冠肺炎疫情的影响。尤其是 2020 年疫情初期，跨境物流相关企业都面临停工停产的问题，下降幅度较大。2020 年至 2021 年，疫情增速放缓，防疫措施逐渐完善，相关企业逐步复工复产，但是由于疫情前期相关订单的流失，很多企业处于亏损状态，转亏为盈需要时间与时机，在这个阶段跨境物流的有序度仍在下降，但下降幅度有所减缓。

而跨境电商子系统的有序度自 2018 年后一直保持增长态势。在 2020 年疫情初期其增速放缓，但 2020 年之后增速大幅增长。

疫情对跨境电商的影响主要体现在两个方面：一是购买频率增加，消费者慢慢从线下转移到了线上，用户对线上购物的需求加大；二是新用户增加，以前不在线上购买的人群纷纷选择了线上购物，特别是老年群体用户的增加。跨境电商市场在未来将释放出更多的发展潜力。

6.4.4 协同度测算

借鉴物理学中的耦合度函数，用式（5-12）计算广州市跨境系统的协同度。该公式反映了 t 时刻跨境电商和跨境物流两个子系统之间的协调程度，但是当两个子系统都具有动态性和不平衡性时，单纯依靠协同度并不足以判断两个子系统是否处于协同状态。

以 2014 年跨境系统协同度为例，2014 年跨境电商（M_1）的协同度为 0.093 7，跨境物流（M_2）的协同度为 0.325 4，其协同度 $C\left[\dfrac{M_1 \cdot M_2}{(M_1+M_2)^2}\right]^{\frac{1}{2}} = 0.374\ 3$。其他年份的协同度的计算结果如表 6-16 所示。

表 6-16　广州市 2014—2021 年跨境系统协同度

年份	2014	2015	2016	2017	2018	2019	2020	2021
协同度	0.374 3	0.417 7	0.450 9	0.567 0	0.484 7	0.585 4	0.568 8	0.682 6

表 6-16 的计算结果显示，广州市 2014—2021 年跨境系统协同度的波动方向与前文计算的两个子系统的有序度的波动基本保持一致，除 2018 年以及 2020 年出现小幅度的下降外，其余年份

均在稳步增加。

为了避免出现两个子系统发展水平较低但二者却实现协调的异常情况，保证研究结果的稳健性，本研究进一步把两个系统作为整体，根据公式再次计算了跨境系统的协同度。

以 2014 年跨境系统的协同度为例，2014 年跨境系统的协同度为 0.374 3，2014 年跨境电商（M_1）的协同度为 0.093 7，跨境物流（M_2）的协同度为 0.325 4，则 2014 年跨境系统的协同度 $D(t)=$ 0.280 1。最终，得到了广州市 2014—2021 年跨境系统的协同度（整体），具体的计算结果如表 6-17 所示。

表 6-17　广州市 2014—2021 年跨境系统协同度（整体）

年份	2014	2015	2016	2017	2018	2019	2020	2021
协同度	0.280 1	0.334 6	0.394 5	0.508 8	0.437 0	0.528 1	0.504 0	0.591 0

广州市的跨境系统协同发展呈现多样化的趋势，包括阶段性、动态性以及复杂性。以往的学者曾对这种多样化的协同发展模式进行了深入的探讨，钟铭（2011）指出，港口物流与经济发展的协同水平可以划分为四个等级：较低的、中等的、较高的以及最高的；张喜玥（2020）认为，物流需求与供应之间的协同程度可以划分为四个等级：较弱的、中等的、较强的以及最强的；王新（2015）把人才与产业的关系划分为十个不同的等级，以此解决由于失衡而导致的高度协同问题；唐建荣（2017）将中国二十一个省的物流和金融行业的发展历程划分为五个阶段，每个阶段都有其独特的特点。

在相关文献的基础上，结合协同度在实践中的应用，将广州市跨境电商与跨境物流两个子系统的协同度演化过程分为初始期、成长期、协作期和成熟期四个等级，具体的等级划分如表6-18所示。

表6-18　广州市跨境系统的等级划分

等级	程度	取值区间	具体表现
初始期	低度协同	(0,0.3]	跨境电商规模较小；跨境物流基础设施薄弱
成长期	中度协同	(0.3,0.5]	跨境电商的需求不断增多，交易规模不断扩大；跨境物流设施提高
协作期	高度协同	(0.5,0.8]	跨境物流转向电子化、信息化；跨境电商依托高效的物流系统快速发展
成熟期	极度协同	(0.8,1.0)	"结合型"，相互促进，共生发展

为了更直观地反映系统的变化，将表6-17中广州市跨境系统的协同度数据进行可视化处理，如图6-2所示。

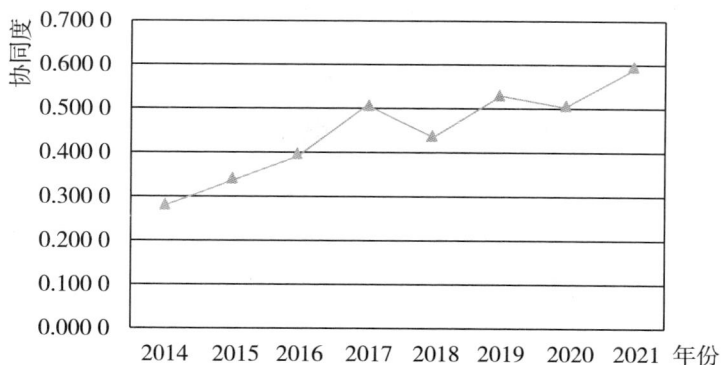

图6-2　广州市跨境系统的协同度

　　结合跨境系统协同度以及跨境系统的等级划分可知，2014 年至 2021 年广州市跨境系统协同度总体呈现上升趋势。

　　回顾广州市跨境电商与跨境物流的发展历程，可以看到 2013 年广州成为全国六个跨境电商业务试点城市之一，这一政策正式拉开了广州跨境电商行业的序幕，以下将具体说明广州跨境电商与跨境物流所经历的阶段。

　　第一阶段：2014 年至 2015 年——广州市的跨境系统处于低度协同的初始期。由于 2013 年广州市刚开始建立跨境综合试验区，跨境电商在初始发展阶段的规模并不大，跨境物流的基础设施也较为薄弱。

　　第二阶段：2015 年至 2018 年——广州市跨境系统处于中度协同的成长期。具体表现为：跨境电商的需求不断增多，交易规模不断增强，跨境物流设施水平提高。在这个阶段里，广州市依托其所处的地理位置优势，依靠国家政策的支持，大力发展区域跨境电商。随着 2015 年南沙自贸区的成立，广州南沙海关推出了全球首个进出口商品全球溯源体系，并首次采用"一照一码"作为通关形式，这一创新模式不仅提高了跨境电商行业的效率，而且极大地改善了整个行业的运营效率。广州市正在积极推进"南沙保税港区"和"白云机场综合保税区"产业集聚区的建设，并在各区域建立跨境电商园区或产业集聚区，以促进跨境电商的发展，并形成良好的产业集聚效应。2016 年，广州市推出"跨境贸易电子商务公共服务平台"，以满足广州跨境电商企业的需求，为其提供全面的服务，包括通关、对接保税园区、联系上下游企业以及相关管理部门，从而有效地促进广州跨境电商的发展。这种良好的产业氛围催生出许多本土跨境电商中小微企业，使跨境电商行业实现了小范围的蓬勃发展。但是在这个阶段里，广州尚未形成有竞争力的本土跨境电商头部企业，跨境电商的运营缺乏总部效应及品牌效应，行业的整体规模较小。另外，受到跨境物流基础设施的限制，这个阶段里该区域跨境物流系统尚且无法高效处理激增的跨境电商的需求。

第三阶段：2018 年至 2021 年——广州市跨境系统处于高度协同的协作期。具体表现为：跨境电商依托高效的物流系统快速发展，跨境物流转向电子化、信息化。在这个阶段里，广州市跨境电商规模日益庞大，产业集聚趋势明显，形成了多样的跨境电商业务形式。随着"综试区"的实施以及"广州模式"的推行，广州的跨境电商业态发生了巨大的变化，从传统的 B2B（Business to Business）、B2C（Business to Customer）、C2C（Customer to Customer）、M2C（Manufacturer to Customer）、B2B2C（Business to Business to Customer）等模式，到 O2O（Online to Offline）、返利导购等新型跨境电商进口业态，都已经在广州得到了广泛应用。百伦贸易、棒谷、唯品会等优秀的跨境电商企业也纷纷崛起，为广州的经济发展做出了重要贡献。广州海关的出入境管理体系完善，提供了优质的通关服务，使得阿里巴巴、网易考拉、唯品会、京东、苏宁易购、亚马逊等大型电商企业纷纷来到广州。

跨境电商的发展也带动了威时沛运集团、卓志集团、顺丰控股股份有限公司、中远海运国际货运有限公司等本土物流企业快速发展，而且广州前期投资的相关跨境物流基础设施也逐步建成落地，逐渐形成了较为完整的跨境电商生态圈。跨境电商与跨境物流两个子系统之间的协同度逐步提高。

此外，2020年至2021年两个子系统的协同度快速提高，在此期间智能化、智慧化的物流被广泛应用起来，目前广州国际物流网络和智能信息化已具备一定基础，若能够全面铺开智能信息化物流，会使其跨境物流具有较大的发展空间。但是目前跨境物流依然存在着不少问题，比如由于小型和中型企业自建海外仓库的成本较高，而且可供选择的第三方海外仓库较少，加上"虚拟海外仓库"这种新的物流模式尚未得到政府的支持，使得跨境电商的发展受到了一定程度的阻碍，物流成本大幅增加，周转速度也大幅降低。尽管跨境物流和跨境电商之间的对接技术尚未完善，但是跨境物流和目的地物流之间已经建立起了一个完善的网络，信息透明度也大大提高，这使得合作变得更加容易，从而降低了物流成本。然而，由于这些原因，跨境退换货服务仍然存在一定的困难，完善相应的环节需要一定的时间。由于物流系统从投资到取得成效有一定的滞后性，其发展速度会略慢于跨境电商系统。随着跨境物流和跨境电商上下游合作的加强，广州跨境系统的生态发展会越来越成熟，未来跨境物流和跨境电商的协同度会继续提高，两个行业会在协同中相互促进，一起迈入极度协同的成熟期，实现共生发展。

6.5 协同的内外部价值溢出系数的计算

随着全球化程度不断加深，跨境电商也不断发展、不断创新，其扩散方式可以看作一种创新的扩展，同时，跨境电商的不断扩展又离不开跨境物流的支持。因此，我们可以使用巴斯扩散模型对广州市跨境电商与跨境物流的协同发展程度进行趋势预测。此外，巴斯扩散模型较好的预测性以及其对内外因素的相关分析思路有利于本研究对广州市跨境电商及跨境物流协同发展规律的把控及分析。

本研究以年份 t 为自变量，以跨境电商和跨境物流最终的有序度为因变量，运用巴斯扩散模型对跨境电商和跨境物流的协同度进行预测。由第 3 章可知，t 时刻采用者的数量 $n(t)$ 的钟状增长曲线形式方程为：

$$n(t) = \frac{mp(p+q)^2 \mathrm{e}^{(p+q)t}}{[p+q\mathrm{e}^{-(p+q)t}]^2} \tag{6-2}$$

在本研究中，把巴斯扩散模型应用到跨境电商与跨境物流协同发展的研究中，各变量有了新的含义。其中 $n(t)$ 代表广州市第 t 年跨境电商或跨境物流的有序度，m 代表广州市跨境电商或跨境物流发展的最大潜力，外部价值溢出系数 p 代表广州市跨境电商或跨境物流由于宣传及居民需求的变化而自发进行的发展；内部价值溢出系数 q 表示广州市跨境电商或跨境物流受到自身发展战略、相关政策影响或其他地区发展结果影响的进一步发展。

通过比较发现，对于离散型模型，非线性最小二乘法的估计结果比普通最小二乘法或最大似然法的估计结果更为准确。因此，本研究决定采用非线性最小二乘法进行参数估计。

通过 SPSS 软件，用非线性最小二乘法对模型进行参数估计，对于跨境物流子系统，软件通过 38 次迭代后找到了最优解，过程记录如表 6-19 所示。

表 6-19　跨境物流子系统参数估计过程记录*

迭代编号**	残差平方和	参数		
		p	q	m
0. 1	1. 757	0. 000	0. 020	20. 000
1. 4	0. 071	0. 025	0. 020	20. 000
2. 1	0. 070	0. 025	0. 029	20. 000
3. 1	0. 040	0. 023	0. 050	19. 977
4. 1	0. 026	0. 018	0. 087	19. 945
5. 1	0. 025	0. 019	0. 084	19. 949
6. 1	0. 025	0. 019	0. 084	19. 949
7. 1	0. 025	0. 019	0. 084	19. 948
8. 1	0. 025	0. 019	0. 084	19. 948
9. 1	0. 025	0. 019	0. 085	19. 945
10. 1	0. 025	0. 019	0. 085	19. 937
11. 1	0. 025	0. 019	0. 085	19. 914
12. 1	0. 025	0. 019	0. 085	19. 852
13. 1	0. 025	0. 019	0. 086	19. 686
14. 1	0. 025	0. 019	0. 088	19. 274

（续上表）

迭代编号 **	残差平方和	参数		
		p	q	m
15.1	0.025	0.020	0.091	18.531
16.1	0.025	0.020	0.093	17.880
17.1	0.024	0.022	0.096	16.331
18.1	0.024	0.023	0.095	15.927
19.1	0.023	0.025	0.098	14.780
20.1	0.023	0.026	0.101	13.927
21.1	0.022	0.029	0.109	12.651
22.1	0.021	0.031	0.114	11.878
23.1	0.021	0.033	0.122	10.891
24.1	0.019	0.035	0.134	10.022
25.1	0.018	0.038	0.146	8.986
26.1	0.015	0.044	0.170	7.641
27.1	0.013	0.049	0.192	7.235
28.1	0.008	0.055	0.223	5.960
29.1	0.007	0.054	0.222	6.127
30.1	0.006	0.057	0.242	5.752
31.1	0.005	0.059	0.266	5.377
32.1	0.005	0.058	0.276	5.343
33.1	0.005	0.059	0.284	5.271
34.1	0.005	0.058	0.285	5.272
35.1	0.005	0.058	0.286	5.269
36.1	0.005	0.058	0.286	5.275
37.1	0.005	0.058	0.286	5.276

（续上表）

迭代编号**	残差平方和	参数		
		p	q	m
38.1	0.005	0.058	0.286	5.277

注：通过数字计算确定导数。

＊主迭代号在小数点左侧显示，次迭代号在小数点右侧显示。

＊＊运行到38次迭代后停止，已找到最优的解。

对于跨境电商子系统，软件通过41次迭代后找到最优解，过程记录如表6-20所示。

表6-20　跨境电商子系统参数估计过程记录*

迭代编号**	残差平方和	参数		
		p	q	m
0.1	0.939	0.000	0.020	10.000
1.4	0.173	0.035	0.020	10.000
2.1	0.158	0.035	0.038	10.000
3.1	0.096	0.030	0.114	9.968
4.1	0.023	0.017	0.210	9.900
5.1	0.022	0.016	0.224	9.893
6.1	0.022	0.015	0.231	9.890
7.1	0.022	0.015	0.232	9.890
8.1	0.022	0.015	0.232	9.890
9.1	0.022	0.015	0.232	9.890
10.1	0.022	0.015	0.231	9.891

（续上表）

迭代编号**	残差平方和	参数		
		p	q	m
11.1	0.022	0.015	0.231	9.894
12.1	0.022	0.015	0.231	9.904
13.1	0.022	0.015	0.231	9.929
14.1	0.022	0.015	0.230	9.997
15.1	0.022	0.015	0.228	10.197
16.1	0.022	0.014	0.222	10.948
17.1	0.022	0.014	0.220	11.183
18.1	0.022	0.014	0.222	11.242
19.1	0.022	0.013	0.223	11.289
20.1	0.022	0.013	0.222	11.385
21.1	0.022	0.013	0.221	11.644
22.1	0.022	0.013	0.219	12.061
23.1	0.022	0.012	0.216	12.617
24.1	0.022	0.012	0.212	13.258
25.1	0.022	0.012	0.210	13.507
26.1	0.022	0.012	0.213	13.273
27.1	0.022	0.012	0.212	13.418
28.1	0.022	0.011	0.211	13.686
29.1	0.022	0.011	0.211	13.739
30.1	0.022	0.011	0.210	14.040
31.1	0.022	0.011	0.210	14.206
32.1	0.022	0.011	0.209	14.394
33.1	0.022	0.011	0.209	14.528

（续上表）

迭代编号**	残差平方和	参数		
		p	q	m
34. 1	0. 022	0. 011	0. 208	14. 663
35. 1	0. 022	0. 011	0. 208	14. 785
36. 1	0. 022	0. 010	0. 208	14. 904
37. 1	0. 022	0. 010	0. 207	14. 976
38. 1	0. 022	0. 010	0. 207	14. 974
39. 1	0. 022	0. 010	0. 207	14. 988
40. 1	0. 022	0. 010	0. 207	14. 992
41. 1	0. 022	0. 010	0. 207	14. 992

注：通过数字计算确定导数。

＊主迭代号在小数点左侧显示，次迭代号在小数点右侧显示。

＊＊运行到 41 次迭代后停止，已找到最优的解。

表 6-21　广州市跨境电商与跨境物流子系统估计参数对比

参数	跨境电商	跨境物流
外部价值溢出系数 p	0. 010	0. 058
内部价值溢出系数 q	0. 207	0. 286
最大潜力 m	14. 992	5. 277
拟合优度 R^2	0. 850	0. 910

由于采用非线性最小二乘法进行估计，t 检验、F 检验等对线性模型的统计检验法不再适用，因此本研究主要通过拟合优度 R^2 进行评价。从模型的拟合程度来看，跨境电商与跨境物流子系统的 R^2 分别为 0. 850、0. 910，拟合度较好。

巴斯扩散模型涉及的参数主要有外部价值溢出系数 p、内部价值溢出系数 q 和最大潜力 m，本研究对三个参数的具体分析如下：

（1）外部价值溢出系数 p 和内部价值溢出系数 q。根据本研究在模型构建中的相关设置，外部价值溢出系数 p 是内部因素，外部价值溢出系数高的子系统的自发性更强，系统内的决策者面对新趋势受到自己认知的影响更大，而内部价值溢出系数 q 越大，子系统内的决策者更容易受到自身或其他区域过去发展成果的影响。p、q 的取值越接近 1，就表示创新或模仿因素扩散的速度越快。

由表 6-21 可知，相较于跨境电商子系统而言，跨境物流子系统有着更高的外部价值溢出系数和内部价值溢出系数，这与现实生活也更贴近。这种外部价值溢出系数和内部价值溢出系数主要体现在数字时代下，大数据、云计算、人工智能、区块链等数字技术迅速渗透了跨境物流行业的各个环节，智能化、智慧化物流技术的广泛落地和应用，以及跨境物流与上下游企业之间越来越紧密的对接等。这些现实的技术发展为跨境物流营造了更好的创新氛围，增强了整个子系统由内而外的创新能力。

同时，可以明显看出，跨境电商子系统和跨境物流子系统的内部价值溢出系数都远大于外部价值溢出系数，即两个子系统主要受到自身已有的相关发展的激励。这同样说明广州的跨境电商和跨境物流的发展主要依靠当地优越的地理位置、支持性的政策、良好的基础设施以及相关优势。

此外，据表 4-1 中呈现的平衡点判断准则 1，可以看到外部

价值溢出系数 p、内部价值溢出系数 q 为不同值的情况下，平衡点具有不同的性质。跨境电商子系统的外部价值溢出系数 $p=0.010$，内部价值溢出系数 $q=0.207$，但 $p^2<4q$，这意味着该子系统拥有不稳定节点，其协同的平衡点也不稳定。同样地，跨境物流子系统的外部价值溢出系数 $p=0.058$，内部价值溢出系数 $q=0.286$，但 $p^2<4q$，说明该子系统拥有不稳定节点，其协同的平衡点也不稳定。由于打造粤港澳大湾区和建设"一带一路"等政策对贸易创新发展的影响较大，广州市的跨境电商与跨境物流处于快速发展阶段，未来仍将呈增长态势，因此两个子系统尚未达到协同的平衡点，这也印证了前文所说的两个子系统主要受到自身已有的相关发展激励。

（2）最大潜力 m。最大潜力 m 影响了本模型可达到的最高点，m 越大代表该子系统未来的发展空间越广阔。从表 6-21 可见，跨境电商的最大潜力为 14.992，远大于跨境物流的最大潜力 5.277。这是因为跨境电商的内容形式和业态较为多样，随着居民生活及消费水平的不断提升，人们产生了各种各样的需求，这些多元化、差异化的需求不仅会刺激跨境电商规模的增大，并会在日后推动其进行形式方面的创新等。相较之下，跨境物流的发展形式比较受限，跨境物流的基础设施正在逐步完善，智能化、智慧化物流技术也在逐步落地，其创新发展的空间相对较小。

由此，本研究得出对广州市跨境电商和跨境物流发展的管理启示：由于跨境电商与跨境物流主要受到自身已有的相关发展的激励，因此两个行业内的企业更应该完善自身的体系建设，推动信息化、智能化技术的发展与应用，提高运营效率与综合服务能力，努力抓住发展机遇。

6.6　协同价值溢出影响系数的计算

根据 2014 年至 2021 年间广州市跨境电商与跨境物流两个子系统的有序度（如表 6-15 所示）、两个子系统协同的内外部价值溢出的参数估计（如表 6-21 所示）、广州市跨境电商与跨境物流的发展实际状况，进行协同内外部价值溢出影响系数参数的识别及分析。

由表 6-21 中的数据可知，跨境电商的外部价值溢出系数和内部价值溢出系数分别为：$p = 0.010$，$q = 0.207$；跨境物流的外部价值溢出系数和内部价值溢出系数分别为：$p = 0.058$，$q = 0.286$；且其中 $m(t)$、$n(t)$、$m(t+1)$、$n(t+1)$ 的值为表 6-15 中两个子系统的有序度，故跨境电商动态方程为：

$$m(t+1) = [k_1 - m(t) - \delta n(t)] [p_1 + q_1 m(t)]$$
$$= [k_1 - M_1(t) - \delta M_2(t)] [0.010 + 0.207 M_1(t)]$$

$$(6-3)$$

跨境物流动态方程为：

$$n(t+1) = [k_2 - n(t) - \beta m(t)] [p_2 + q_2 n(t)]$$
$$= [k_2 - M_2(t) - \beta M_1(t)] [0.058 + 0.286 M_2(t)]$$

$$(6-4)$$

通过 SPSS 软件，用非线性最小二乘法对模型进行参数估计。对于跨境电商子系统，软件通过 4 次迭代后找到了最优解，过程记录如表 6-22 所示。

表 6-22　跨境电商子系统价值溢出影响系数参数估计过程记录*

迭代编号**	残差平方和	参数	
		a	k
1.0	0.092	0.000	6.500
1.1	0.032	8.461	9.579
2.0	0.032	8.461	9.579
2.1	0.032	8.461	9.579

注：通过数字计算确定导数。

*主迭代号在小数点左侧显示，次迭代号在小数点右侧显示。

**由于连续残差平方和之间的相对减小量最多为 SSCON = 1.00E−008，因此运行到 4 次模型评估和 2 次导数评估后停止。

对于跨境物流子系统，软件通过 4 次迭代后找到了最优解，过程记录如表 6-23 所示。

表 6-23　跨境物流子系统价值溢出影响系统参数估计过程记录*

迭代编号**	残差平方和	参数	
		b	k
1.0	0.597	0.000	1.500
1.1	0.015	0.434	3.138
2.0	0.015	0.434	3.138
2.1	0.015	0.434	3.138

注：通过数字计算确定导数。

*主迭代号在小数点左侧显示，次迭代号在小数点右侧显示。

**由于连续残差平方和之间的相对减小量最多为 SSCON = 1.00E−008，因此运行到 4 次模型评估和 2 次导数评估后停止。

　　由于采用非线性最小二乘法进行估计，t 检验、F 检验等对线性模型的统计检验法不再适用，因此本研究主要通过拟合优度 R^2 进行评价。辨识得到广州市跨境电商和跨境物流子系统的价值溢出影响系数，如表 6-24 所示。从模型的拟合程度来看，跨境电商与跨境物流子系统的 R^2 分别为 0.640、0.530，拟合度在可接受范围。

表 6-24　广州市跨境电商与跨境物流子系统价值溢出影响系数估计参数对比

参数	跨境电商	跨境物流
k	0.579	3.138
δ	8.461	—
β	—	0.434
拟合优度 R^2	0.640	0.530

　　由结果可知，$\delta>0$，说明对于跨境电商子系统而言，其协同的内部价值溢出是不断增加的；$\beta>0$，说明对于跨境物流子系统而言，其协同的内部价值溢出也是不断增加的。根据表 4-1 关于平衡点的讨论，可以知道当参数 δ、β 的取值范围不同时，系统的协同情况也不同。由此，本研究进一步分析参数 δ、β 的取值。

　　参数回归的结果显示，$\delta=8.461>1$、$\beta=0.434<1$，属于表 4-2 中呈现的协同平衡点的第二种情况，该平衡点位于第四象限，意味着跨境物流子系统目前还没有给跨境电商子系统足够的支持，而跨境电商子系统对跨境物流子系统具有一定的促进作用。

　　此时 $\delta\beta=3.67>1$，虽然系统总体价值溢出的影响是增强的，但这意味着跨境物流子系统对跨境电商子系统的影响系数更大，在这种情况下，系统协同的结果是跨境物流子系统比跨境电商子系统协同的价值溢出增长快。由此可以判断，广州市跨境电商和跨境物流两个行业的发展具有一定的协同效应，但协同在两个子系统动态发展中并不稳定。

未来广州市的跨境电商与跨境物流两个行业将呈现增长的趋势，但从目前的发展现状以及协同模型的测算结果来看，两者之间的协同度仍然有待提高。广州市的跨境电商行业的发展水平处于全国前列，但是跨境物流行业总体存在着物流时效低、运输成本高、服务企业数量不够等问题，制约着跨境电商的进一步发展。因此，我们需要根据影响广州市跨境物流发展的各个因素，进一步提升其总体的跨境物流服务能力，以满足未来跨境电商所带来的对跨境物流市场需求的增量。

由此，本研究得到对广州市跨境电商和跨境物流发展的管理启示：

第一，优化跨境电商生态系统，深化多方互动合作，推动全面协同发展。后疫情时代，跨境电商业务若想要更好地与国际市场接轨，融入国际化竞争，就需要与上下游企业保持紧密联系，通过多维度和多方位协同保证跨境电商企业与跨境物流企业之间的有效协同，提升发展有序性，从而促进发展。

第二，切实应用新型数字技术。通过利用大数据、区块链等技术，广州市可以大幅提升跨境电商子系统与跨境物流子系统之间的协同，从而有效地改善跨境物流的运输和配送，进而实现跨境系统服务能力的全面提升。

6.7　综合价值溢出计算

由第 5 章可知，当 Ra 与 Rb 是协同中任意两个参与协同的主体时，Ra、Rb 之间存在协同经济增长的溢出需求，故跨境物流与跨境电商作为广州跨境系统中两个协同的主体，两者之间必然存在协同的经济增长的价值溢出，接下来具体介绍两者之间的价值溢出。

在进行协同后，跨境电商外部协同经济增长溢出比例系数为 0.010，由于内部效应导致的协同经济增长溢出比例系数为 0.207，在跨境物流影响后的内部溢出效应 $\delta = 8.461$，则内外部综合协同带来的经济增长溢出效应为：

$$Z_a = p_a(A/B) + \delta\, q_a(A/B) = 0.010 + 8.461 \times 0.207 = 1.761\,4$$

同样地，在协同后跨境物流的外部协同经济增长溢出比例系数为 0.058，由于内部效应导致的协同经济增长溢出比例系数为 0.286，在跨境电商影响后的内部溢出效应 $\beta = 0.434$，则内外部综合协同带来的经济增长溢出效应为：

$$Z_b = p_b(B/A) + \beta\, q_b(B/A) = 0.058 + 0.434 \times 0.286 = 0.182\,1$$

综上可知，跨境电商子系统内外部综合协同带来的经济溢出效应大于跨境物流子系统内外部综合协同带来的经济溢出效应，并且跨境物流子系统对于跨境电商子系统内部溢出效应的影响（1.761 4）大于跨境电商子系统对于跨境物流子系统内部溢出效应的影响（0.182 1）。

通过上一节对广州跨境电商子系统与跨境物流子系统协同的分析可以发现，由于其地理位置优越、政策支持有力、基础设施完善等条件，广州跨境电商子系统发展迅速，2020 年的有序度明显高于跨境物流子系统，而且具有更大的发展潜力，因此跨境电商子系统内外部协同带来的经济增长效应远超跨境物流子系统。而跨境电商的发展速度、发展潜力又受到跨境物流水平的限制，跨境物流是跨境电商的引擎，引擎优劣决定了跨境电商发展的质量与速度。正如目前，由于"虚拟海外仓库"等物流模型没有被广泛应用，部分中小微跨境电商企业又面临自建仓库成本高、海外仓库选择少等困境，这些问题阻碍着跨境电商的发展。此外，跨境物流相关信息系统的信息透明度不高，且相关逆向物流发展薄弱，这同样抑制了跨境电商的发展，故跨境物流子系统对于跨境电商子系统内部溢出效应的影响大于跨境电商子系统对于跨境物流子系统内部溢出效应的影响。

但是，不能因为跨境物流子系统的发展潜力低于跨境电商子系统，就忽略对跨境物流子系统的相关投入。跨境系统整体要更好地发展必定要建设更好的引擎（跨境物流系统），以推动跨境电商更高质量的发展，从而实现两个子系统在更高程度上的协同，进而助力广州经济的高效发展。

6.8　扩展讨论

6.8.1　跨境物流与整体物流协同度分析对比

跨境物流作为整体物流系统的一部分，其发展与整体物流的发展息息相关。那么跨境电商与区域整体物流之间是否存在协同关系？若有，那存在什么样的协同关系？跨境电商与跨境物流及整体物流之间的关系有何差异？针对以上问题，本节展开了相关讨论。

整体物流的序参量选择原则、有序度计算以及相关参数估计的计算过程与跨境物流一致，故不再赘述其过程，仅展现其结果。

对于序参量的选择，同样从收入、运输量以及基础设施建设三方面入手，指标体系结果如表 6-25 所示。

表 6-25　整体物流系统指标体系

一级指标	二级指标	指标代码	指标方向
收入	物流业收入总额/亿元	C_1	+
	快递业收入总额/亿元	C_2	+
运输量	快递业务量/万件	C_3	+
	海陆空货运量/万吨	C_4	+
基础设施建设	铁路营业里程/万公里	C_5	+
	航空航线里程/万公里	C_6	+
	主要港口码头泊位数/个	C_7	+
	交通、仓储和邮政业基础设施建设投资/亿元	C_8	+

（1）收入。收入直观地反映了一个行业的整体盈利能力，是跨境物流行业最直观的产出指标。考虑到跨境物流包括了仓储、货物运输、通运等细分门类，为了更加全面具体地衡量跨境物流系统，本研究选用物流业收入总额和快递业收入总额两个指标来评估整体物流系统。

具体来说，在宏观层面上的物流业总收入涵盖了交通运输、仓储及邮政三大行业的收入，体现了物流企业与关联企业之间的联系。由于跨境电商交易大部分还是以"快递"这一物流形式为主，因此本研究也以微观层面计算的快递业总收入作为整体物流系统发展水平的度量依据。

（2）运输量。运输量在一定程度上反映了物流活动市场的规模。一个包裹从仓库送到消费者手中的过程需要快递来完成。快递业务量是快递企业收寄各类快递业务的总数量，它可以衡量一个地区物流系统的基础能力，也直观地反映着一个地区电子商务的发展状况。此外，区域整体物流不仅仅包括快递业务，还有包裹、货物等，为更全面地衡量区域整体物流水平，需要将物流运输海、陆、空三种途径的货运量纳入研究范围。因此，本研究选用了快递业务量以及海陆空货运量两个指标。

（3）基础设施建设。该类指标与跨境物流的指标类似，因为一个区域内无论是要发展跨境物流还是整体物流，都需要对基础设施进行投入和建设，而相关的基础设施不仅服务于跨境物流，同样还服务于整体物流。因此，基础设施这一指标也用于衡量整体物流系统的评估，其中将跨境物流中国际航空航线里程数等同于整体航空航线里程总数，具体指标以及剔除物价影响后的结果如表6-26所示。

表 6-26 整体物流指标及其剔除物价影响后的数据

年份	物流业收入总额/亿元	快递业收入总额/亿元	快递业务量/万件	海陆空货运量/万吨	铁路营业里程/万公里	航空航线里程/万公里	主要港口码头泊位数/个	交通、仓储和邮政业基础设施建设投资/亿元
2014	1 136.19	159.72	135 729	96 553	1 652.91	156.70	863	670.71
2015	1 255.19	195.99	190 926	100 124	1 652.91	165.94	870	631.68
2016	1 365.70	275.46	286 698	107 992	1 652.91	188.25	807	792.27
2017	1 499.45	374.96	393 320	117 429	1 652.91	228.72	807	883.23
2018	1 263.33	479.70	506 448	127 752	1 652.91	205.64	807	914.06
2019	1 372.64	635.49	634 680	95 032	1 652.91	195.36	809	1060.90
2020	1 316.11	694.07	761 578	92 458	1 652.91	247.89	724	976.89
2021	1 524.84	817.19	1 067 897	98 175	1 652.91	244.01	588	1051.47

对数据进行无量纲化处理、计算各指标贡献度，并用熵权法计算各个指标的权重，得到的结果如表 6-27 所示。

表 6-27 整体物流指标的权重

子系统	指标代码	e_i	g_i	w_i
整体物流	C_1	0.93	0.07	0.05
	C_2	0.85	0.15	0.11
	C_3	0.83	0.17	0.12
	C_4	0.89	0.11	0.08
	C_5	1.00	0.00	0.00
	C_6	0.91	0.09	0.07
	C_7	0.95	0.05	0.03
	C_8	0.93	0.07	0.05

在此基础上计算出整体物流各个指标的有序度，并将其与跨境物流进行比较，比较情况如表 6-28 所示。

表 6-28　跨境物流与整体物流的有序度对比

子系统	2014	2015	2016	2017	2018	2019	2020	2021
跨境物流	0.099 5	0.194 1	0.267 7	0.378 2	0.286 1	0.373 3	0.378 3	0.554 5
整体物流	0.246 2	0.297 6	0.413 6	0.557 1	0.524 2	0.520 1	0.510 5	0.589 9

为使结果更加直观，将 2014—2021 年广州市跨境物流及整体物流子系统的有序度绘制成图 6-3。

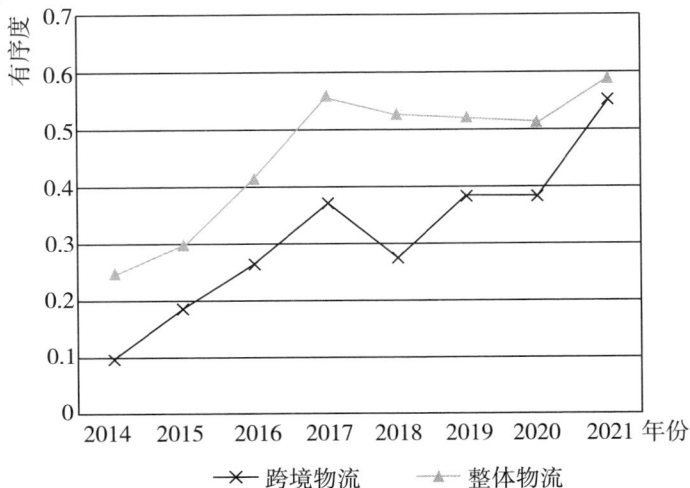

图 6-3　跨境物流与整体物流有序度的比较

　　由图 6-3 可知，在 2018 年之前跨境物流与整体物流的有序度趋势是一致的。整体物流有序度从 2018 年至 2020 年间缓慢下降，这可能是受到中美贸易摩擦以及新冠肺炎疫情的影响，相关物流企业订单变动以及疫情造成的停工停产导致整体物流的有序度下降。但到 2020 年，整体物流的有序度开始大幅上升，这可能是因为在相关政策的支持下，整体物流快速恢复并加速发展。跨境物流有序度在 2018 年至 2019 年间处于上升态势，自 2019 年至 2020 年呈现下降趋势。这可能是受到中美贸易摩擦以及相关国际局势变动的影响。跨境贸易分为进口贸易和出口贸易，由于相关局势的变动，进出口贸易出现此消彼长的现象，综合起来反而促进了跨境电商有序度在一定程度上的发展。自 2019 年后，受到疫情的影响，进出口贸易都受到严重抑制。综合来看，与整体物流相比，跨境物流受到疫情的冲击更大，且恢复能力更弱。

　　对跨境物流与整体物流所构成的整体系统的协同度以及跨境电商与跨境物流所构成的整体系统的协同度进行对比分析，对比情况如表6-29 所示。

表 6-29　两大系统的协同度对比

整体系统	2014	2015	2016	2017	2018	2019	2020	2021
跨境物流与整体物流协同度	0.249 7	0.312 7	0.386 1	0.515 4	0.453 6	0.497 2	0.478 7	0.662 9

（续上表）

整体系统	2014	2015	2016	2017	2018	2019	2020	2021
跨境电商与跨境物流协同度	0.280 1	0.334 6	0.394 5	0.508 8	0.437 0	0.528 1	0.504 0	0.591 0

　　为使结果更直观，将2014—2021年广州市跨境物流与整体物流所构成的整体系统的协同度以及跨境电商与跨境物流所构成的整体系统的协同度绘制成图6-4。

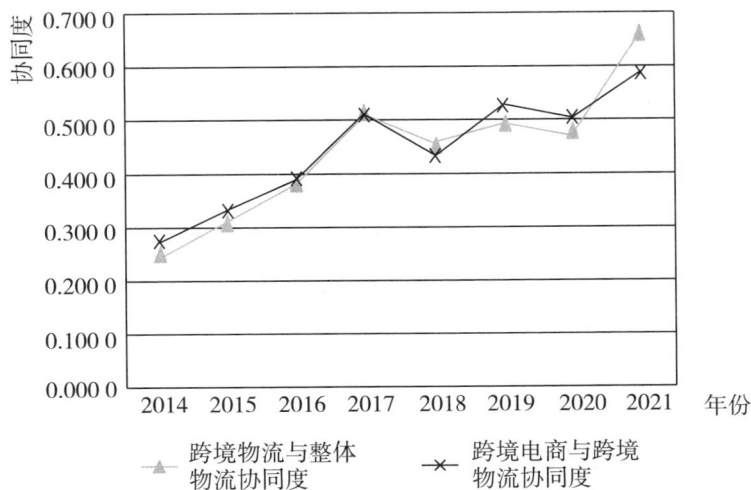

图6-4　两大系统的协同度对比

　　由图6-4可知，跨境物流与整体物流协同度的趋势和跨境电商与跨境物流协同度的趋势以及相对的阶段基本一致。从图中可以发现，跨境物流与整体物流以及跨境电商与跨境物流的协同度都在朝着更高水平发展，且跨境电商与整体物流协同度的发展效率更高。

6.8.2 跨境电商与整体物流协同内外部价值溢出及影响系数计算分析

通过 SPSS 软件拟合出跨境电商与整体物流协同的内外部价值溢出参数，具体数据如表 6-30 所示。

表 6-30 广州市跨境电商与整体物流协同的内外部价值溢出参数结果

参数	跨境电商	整体物流
外部价值溢出系数 p	0.080	0.045
内部价值溢出系数 q	0.186	0.285
最大潜力 m	21.225	5.948
拟合优度 R^2	0.830	0.860

通过表 6-30 发现，跨境电商与整体物流协同的内外部价值溢出系数的关系和跨境电商与跨境物流的一致。

此外，对跨境电商与整体物流协同的内外部价值溢出影响系数进行相关计算分析，具体结果如表 6-31 所示。

表 6-31 广州市跨境电商与整体物流协同的内外部价值溢出影响系数

参数	跨境电商	整体物流
k	9.572	3.231
δ	8.890	——
β	——	0.714
拟合优度R^2	0.670	0.530

由表 6-31 可知，跨境电商与整体物流以及跨境电商与跨境物流相互间协同的效果类似，整体物流子系统目前还没有给跨境电商子系统足够的支持，而跨境电商子系统对跨境物流子系统具有一定的促进作用。此时 $\delta\beta = 6.35 > 1$，虽然系统总体价值溢出的影响是增强的，但这意味着整体物流子系统对跨境电商子系统的影响系数更大，即在这种情况下，系统协同的结果是整体物流子系统比跨境电商子系统协同的价值溢出增长快。由此我们可以判断广州市跨境电商和整体物流两个行业的发展具有一定的协同效应，但协同在两个子系统的动态发展中并不稳定。

对跨境电商子系统与整体物流子系统之间的价值溢出进行计算，在进行协同后，跨境电商子系统外部协同经济增长溢出比例系数为 0.080，由于内部效应导致的协同经济增长溢出比例系数为 0.186，在跨境物流子系统影响后的内部溢出效应 $\delta = 8.890$，则内外部综合协同带来的经济增长溢出效应为：

$$Z_a = p_a(A/B) + \delta\, q_a(A/B) = 0.080 + 8.890 \times 0.186 = 1.733$$

同样地，在协同后整体物流子系统的外部协同经济增长溢出比例系数为 0.045，由于内部效应导致的协同经济增长溢出比例系数为 0.285，在跨境电商子系统影响后的内部溢出效应 $\beta = 0.714$，则内外部综合协同带来的经济增长溢出效应为：

$$Z_b = p_b(B/A) + \beta \, q_b(B/A) = 0.045 + 0.714 \times 0.285 = 0.250$$

综上可知，跨境电商系统内外部综合协同带来的经济溢出效应大于整体物流系统内外部协同带来的经济溢出效应，且跨境物流子系统对于跨境电商子系统内部溢出效应的影响（1.733）大于跨境电商子系统对于整体物流子系统内部溢出效应的影响（0.250）。

7 结论与展望

7.1 研究结论

在当前互联网和数字技术赋能"大地球村"时代巨变时代的背景下,"共商、共建、共享"的治理原则和合作共赢的理念已深入人心。中国在参与全球治理体系变革和建设的过程中,积极推动协同发展的基本理念和主张,构建出全球协同的"一带一路"和区域协同的"粤港澳大湾区",以深化合作,实现共赢。协同的概念就此得到了学界和实践界的广泛重视,关于协同的相关问题也成了现实而热门的研究问题。对于微观层面的企业而言,如何充分利用自身以及关联企业的优势资源建构协同联盟,进一步实现科学有效的配合和协作,以提升企业竞争力,是一个极具理论和实践意义的课题。本研究正是由此展开,通过文献的梳理,重点关注一般层面的协同效应的分析和研究,进而分析要素的协同及其效应,试图从理论上解释协同效应,探讨长期战略协同的动力机制以及协同的溢出效应,提升协同效果,为政府的相关部门、企业以及区域的合作、区域内的协同提供管理决策的依据及决策建议。

　　基于协同的思想，论文在巴斯扩散模型的基础上扩展其应用，对协同联盟的源动力、协同联盟的生命周期的变迁进行了定性的分析。从协同的比较优势发挥、规模经济的效应以及学习效应的角度，分析了协同价值溢出的内在和外在机制。在此基础上，以两个协同主体为研究对象，在巴斯扩散模型的基础上建立了协同联盟分析的数学模型，对模型进行了解析，并进一步分析了协同过程中资源存量的情况，以及定义了协同参与主体溢出效应的计算公式，从而搭建出协同综合溢出效应模型。

　　平衡点也是协同主体进行良好协同的前提。本文分类讨论了各种协同情况，以巴斯扩散模型为基础围绕协同的平衡点展开了相关分析。本研究先计算了协同的平衡点，初步了解了平衡点的性质及平衡点的协同情况，之后分析并证明了平衡点的稳定性条件及背后的管理学和经济学意义，进一步阐明了协同主体达到战略协同的前提条件和基础。具体来说，在协同参与主体存在竞争性的情况下，协同的效果比较差，这种协同模式是一种不稳定的协同，只会存在一段时间，之后会随着时间的推移出现区域价值溢出情况的差异和同质化的协同倾向，导致参与主体出现同化或兼并的问题，使参与主体退出协同联盟，自动终止协同。而如果参与主体协同的价值溢出增长存在平衡点，但是彼此的协同发展方向不同，这种协同也是一种不稳定的协同。只有协同参与主体的价值溢出都是良性增长的情况下，协同才会形成战略联盟式的长期协同，或者协同要素的良性互动，共同促进产出的增长，而非此消彼长，形成失衡状态。协同联盟中，参与主体之间是一种竞争的关系，一方的价值溢出主要来自外部价值的溢出，参与主体随着时间的推移获得的全部溢出价值会越来越小，因而之后会退出联盟。在实力均衡的情况下，价值溢出依靠当初协同前的状况，早期占据协同价值溢出优势的一方能获得更多的价值溢出，另一方会退出联盟。稳定的协同联盟是在满足特定条件的情况下使协同双方都能获得比较好的价值溢出，彼此愿意长期合作协同，形成一种稳定的负反馈。

以巴斯扩散模型为基础展开协同的理论研究，主要分析了两个协同主体呈现相互竞争的反函数变化的情况。由于协同的应用范围广泛，日后的研究可以针对协同的不同应用领域或者协同主体之间的关系进行更加细致的探讨，以便更好地指导不同区域协同、企业协同、产业协同，甚至是某些企业集团内部的资源要素的协同。

在确定协同子系统序参量的基础上，给出了协同系统的贡献度、有序度、熵权重的计算方法，计算了各个序参量的有序度与协同度；在此基础上，给出了基于巴斯扩散模型的协同内外部价值溢出的参数估算方法，并估算出价值溢出的影响系数，以此建立了系统协同的综合价值溢出模型，之后进一步分析了系统协同的效应，为系统的优化和良性发展提供理论依据。

广州市位于粤港澳大湾区，是一带一路的枢纽城市。截至2021年底，广州市跨境电商企业主体达19.3万家，自成为国家首批跨境电商综合试验区的8年间，跨境电商进出口规模增长了50倍，但目前广州的跨境物流整体成本仍较高。为提高广州市跨境电商与跨境物流协同水平，进而助力广州市的经济发展，本研究结合协同理论和巴斯扩散模型对跨境电商和跨境物流两个子系统之间的协同水平进行研究，并为广州市跨境电商与跨境物流发展提出相关建议。以地处粤港澳大湾区内的广州市为背景，本研究对其跨境电商和跨境物流之间的协同度进行了实证分析，得到以下结论：

（1）对广州跨境电商子系统与跨境物流子系统协同进行分时间段的实证分析结果表明，在相关跨境电商政策的支持下，广州跨境电商需求不断增多且多样化，涌现出大量跨境电商入驻入住。同时，大量本土物流企业快速发展并向电子化、信息化、智能化发展，逐渐形成了较为完整的跨境电商生态圈。跨境电商与跨境物流两个子系统之间的协同度逐步提高。

（2）广州跨境电商子系统与跨境物流子系统协同的内外部价值溢出实证结果表明，相较于跨境电商子系统而言，跨境物流子系统有着更高的外部价值溢出系数和内部价值溢出系数。这种外部价值溢出系数和内部价值溢出系数主要体现在数字时代下，大数据、云计算、人工智能、区块链等数字技术迅速渗透了跨境物流行业的各个环节，智能化、智慧化物流技术的广泛落地和应用，以及跨境物流与上下游企业之间越来越紧密的对接等。这些现实的技术发展都为跨境物流营造了良好的创新氛围，增强了整个子系统由内而外的创新能力。同时，跨境电商子系统和跨境物流子系统的内部价值溢出系数都远大于外部价值溢出系数，即两个子系统主要受到自身已有的相关发展的激励。这给广州跨境电商和跨境物流的发展以启示：由于跨境电商与跨境物流主要受到自身已有的相关发展的激励，因此两个行业内的企业更应该完善自身的体系建设，推动信息化、智能化的发展与应用，提高运营效率与综合服务能力，抓住发展机遇。

（3）广州跨境电商子系统与跨境物流子系统协同价值溢出影响系数的实证结果表明，广州市跨境电商和跨境物流两个行业的发展具有一定的协同效应，但协同在两个子系统的动态发展中并不稳定。对此得到对跨境电商与跨境物流发展的管理启示：第一，优化跨境电商生态系统，深化多方互动合作，推动全面协同发展。后疫情时代，跨境电商业务若想要更好地与国际市场接轨、融入国际化竞争，就需要与上下游企业保持紧密联系，通过多维度协同来保证跨境电商企业与跨境物流企业之间的有效协同，提升发展的有序性。第二，切实应用新型数字技术。通过大数据、区块链等网络技术，广州市可以大幅提升跨境电商与跨境物流之间的协同度，从而有效地改善跨境物流的运输和配送，进而实现跨境系统服务能力的全面提升。

（4）广州跨境电商子系统与跨境物流子系统综合价值溢出的计算结果表明，跨境电商子系统内外部综合协同带来的经济溢出效应大于跨境物流子系统内外部协同带来的经济溢出效应，且跨境物流子系统对于跨境电商子系统内部溢出效应的影响大于跨境电商子系统对于跨境物流子系统内部溢出效应的影响。由此可得相关管理启示：不可因跨境物流子系统的发展潜力低于跨境电商子系统，就忽略对跨境物流子系统的相关投入。跨境系统整体若想要更好地发展，必定要建设更好的引擎（跨境物流子系统），以推动跨境电商更高质量的发展，从而达到两个子系统更高程度上的协同，进一步助力当地经济的高效发展。

（5）在扩展讨论部分，本研究分析了跨境电商与区域整体物流之间的协同关系，得到两点启示：第一，跨境电商子系统与跨境物流子系统，以及跨境电商子系统与整体物流子系统都在朝着更高的协同度发展，且跨境电商子系统与整体物流子系统协同度的发展效率更高。第二，整体物流子系统与跨境物流子系统相比，其有序度发展趋势更好，从逆境中恢复的能力更强，但两个子系统与跨境电商子系统的协同效果基本一致。

7.2　展望

协同是一个很大的研究范畴，研究的视角和切入点也很多，不同的研究视角和研究切入点会为研究带来不同的发现。本文的研究是以巴斯扩散模型为基础展开的。诚然，学者们还可以从控制论、供应链、区域经济、产业集群等不同的角度对协同展开研究。

事实上，如果从不同的视角对同一个问题进行协同研究，对比结论和模型的差异，可以提高模型的实用性、科学性和合理性。协同的应用范围很广，学者们可以针对不同的应用领域进行深入的探讨，从而更好地指导区域协同、企业协同、产业协同，等等。

除此之外，对协同进行实证研究的学者也非常多，其研究多采用问卷的预试、被试、量表测量等方法，取得了丰硕的成果。如果模型能结合这些实证研究的结论展开定量的数理研究、建立解析模型，可能得到的结论具有更好的解释性。

　　跨境电商一词自 2011 年才开始被人们使用，其发展的时间并不算长，跨境电商的子系统开始是自发进行配合发展的，还谈不上是主动和积极有序的协同。此外，由于影响跨境电商和跨境物流的因素有很多，且跨境电商与跨境物流的相关技术还在不断发展、模式还在不断创新，笔者无法将所有因素全部转换为序参量纳入研究之中。本研究基于有限的资料进行分析，得出的结论可能并不完整或完美，因此本研究的研究主体在未来还有许多挖掘的可能性。

参考文献

［1］ HAKEN H. Synergetics: an introduction ［M］. New York: Springer Verlag Press, 1977.

［2］ HAKEN H. Synergetics: an introduction ［M］. 4th ed. New York: Springer-Verlag, 1983.

［3］ KANEVA M, UNTURA G. The impact of R&D and knowledge spilovers on the economic growth of russian regions ［J］. Growth and change, 2019（1）：301-334.

［4］ REYNOLDS B E. Innovation and production: advanced manufacturing technologies, trends and implications for US cities and regions ［J］. Built environment, 2017（1）：25-43.

［5］ BROEKEL T. Do cooperative research and development（R&D）subsidies stimulate regional innovation efficiency? Evidence from Germany ［J］. Regional studies, 2015（7）：1087-1110.

［6］ GALLIANO D, et al. Marshall's versus Jacobs' externalities in firm innovation performance: the case of French industry ［J］. Regional studies, 2015（11）：85-112.

［7］ MEIJERS E, et al. Borrowing size in networks of cities: city size, network connectivity and metropolitan functions in Europe ［J］.

Dissertations in regional science, 2016 (1): 345-381.

[8] BURGER M J, et al. Borrowed size, agglomeration shadows and cultural amenities in north-west Europe [J]. European planning studies, 2015 (6): 1090-1109.

[9] HAKEN H. Advanced synergetics: instability hierarchies of self-organizing systems and devices [M]. New York: Springer-Verlag, 1993.

[10] ANSOFF I H. Strategies for diversification [J]. Harvard business review, 1957 (5): 113-124.

[11] PORTER M E. Towards a dynamic theory of strategy [J]. Strategic management journal, 1991 (12): 95-117.

[12] WILLIAMSON O E. Strategy research: governance and competence perspectives [J]. Strategic management journal, 1999 (12): 1087-1108.

[13] IMAI K – I, ITAMI H. Interpretation of organization and market: Japan' s firm and market in comparison with the U.S. [J]. International journal of industrial organization, 1984 (2): 283-310.

[14] CUMINGS B. The origins and development of the northeast Asian political economy industrial sectors, product cycles, and political concequences [M]. Ithca: Cornell University, 1987.

[15] GRAHAM R, WONDERLIN A. Lasers and synergetics [M]. New York: Springer-verlag, 1987.

[16] KOROTAYEV A, MALKOW A, KHALTOURINA D. Introduction to social macrodynamics: compact macromodels of the world system

growth [M].Moscow: URSS Press, 2006.

[17] FREEMAN C, SOETE L. The economics of industrial innovation [M]. London: Psychology Press, 1997.

[18] BERGEK A, JACOBSSON S, CARLSSON B, et al. Analyzing the functional dynamics of technological innovation systems: scheme of analysis [J].Research policy, 2008 (3): 407-429.

[19] FAGERBERG J. Innovation policy: rationales, lessons and challenges [J].Journal of economic surveys, 2017 (2): 497-512.

[20] ARCHIBUGI D, COCOA. Measuring technological capabilities at the country level: a survey and a menu for choice [J]. Research policy, 2005 (2): 175-194.

[21] ABRAMOVITZ M.Catch-up and convergence in the postwar growth boom and after [J].Convergence of productivity: cross-national studies and historical evidence, 1994 (5): 86-125.

[22] KNACKS S, KEEFER P. Does social capital have an economic payoff? A cross-country investigation [J]. The quarterly journal of economics, 1997 (4): 1251-1288.

[23] ZAK P J, KNACKS S.Trust and growth [J].The economic journal, 2001, 111 (470): 295-321.

[24] NELSON R R, WINTER S G.The schumpeterian trade off revisited [J].The American economic review, 1982 (1): 114-132.

[25] ZYSMAN J. Governments markets and growth: financial systems and the politics of industrial change [M]. Ithaca: Cornell University Press, 1983.

［26］ RUCHKIN D S. Measurement of event-related potentials: signal extraction. In Picton human event-related potentials ［J］. Amsterdam: Elsevier, 1988 (3): 7-43.

［27］ BASAR E. Synergetics of neuronal populations. A survey on experiments ［M］//HAKEN H. Springer Series in Synergetics. Berlin-Heidelberg-New York: Springer, 1983.

［28］ BASAR E, GÖNDER A, UNGAN P. Important relation between EEG and brain evoked potentials Ⅱ: a systems analysis of electrical signals from the human brain ［J］. Biology Cybernetics, 1976 (3): 41-48.

［29］ LLINÁS R R. The intrinsic electrophysiological properties of mammalian neurons: insights into central nervous system function ［J］. Science, 1989 (242): 1654-1664.

［30］ GRAY C M, SINGER W. Stimulus-specific neuronal oscillations in the cat visual cortex: a cortical function unit ［J］. Society of neuroscience abstract, 1988 (3): 404-415.

［31］ ECKHORN R, BAUER R, JORDAN W, et al. Coherent oscillations: a mechanism of feature linking in the visual cortex? ［J］. Biology cybernetics, 1988 (60): 121-130.

［32］ NARICI L, PIZZELLA V, ROMANI G L, et al. Evoked alpha-and mu-rhythm in humans: a neuro magnetic study ［J］. Brain research, 1990 (52): 222-231.

［33］ DETTMAR P, VOLKE H J. Time-varying spectral analysis of single evoked brain potentials ［J］. Advances in psychology, 1985

(5): 225-233.

[34] BARLOW H B.Possible principles underlying the transformations of sensory messages. in: Sensory communication, ROSENBLITH W A [M].Cambridge: MIT Press, 1961.

[35] AKCOMAK I S, TERWEEL B.Social capital, innovation and growth: evidence from Europe [J]. European economic review, 2009 (5): 544-567.

[36] David P A, Hall B H.Heart of darkness: modeling public-private funding interactions inside the R&D black box [J].Research policy, 2000 (9): 1165-1183.

[37] GOTO A. Business group in a market economy [J]. European economic review, 1982 (19): 53-70.

[38] HAMILTON G G. Patriarchalism in Imperial China and western Europe [J].Theory and society, 1984 (13): 393-426.

[39] HAMILTON G G, BIGGART N W. Market, culture and authority: a comparative analysis of management and organization in the Far East [J].American journal of sociology, 1988 (9): 552-594.

[40] MARITI P, SMILEY R H.Co-operative agreements and the organisation of industry [J].The journal of industrial economics, 1983 (31): 437-451.

[41] MIYAZAKI Y.Excessive competition and the formation of keiretsu in industry and business in Japan [M]. New York: M. E. Sharpe Press, 1980.

[42] RICHARDSON G B. The organization of industry [J].

Economic journal, 1972 (82): 883-896.

[43] OHMAE K. The rise of the region state [J]. Foreign affairs, 1993 (72): 78-87.

[44] FREEMAN C, SOETE L. Developing science, technology and innovation indicators: what we can learn from the past [J]. Research policy, 2009 (5): 583-589.

[45] LUNDVALL B. National systems of innovation: towards a theory of innovation and interactive learning [M]. London: Printer Publishers, 1992.

[46] ASHEIM B, DUNFORD M. Regional futures [J]. Regional studies, 1997 (3) : 445-455.

[47] FREEMAN C. Networks of innovators: a synthesis of research issues [J]. Research policy, 1991 (20) : 499-514.

[48] EEONOMIDES N. The economics of networks [J]. International journal of industrial organisation, 1996 (14) : 673-699.

[49] CAMAGNI R. Innovation Networks: Spatial Perspectives [M]. London: Beelhaven-Pinter, 1991.

[50] ASHEIM B T, COENEN L. Knowledge bases and regional innovation systems: comparing nordic clusters [J]. Research policy, 2005 (9): 1173-1190.

[51] JAFFE A B, TRAJTENBERG M, HENDERSON R. Geographic localization of knowledge spillovers as evidenced by patent citations [J]. Quarterly journal of economics, 1998 (63) : 577-598.

[52] CAPELLO R. Spatial transfer of knowledge in hi-technology

milieux: learning versus collective learning progress [J]. Regional studies, 1999（33）: 352-365.

[53] COOKE S. Structural competitiveness and learning region [J]. Enterprise and innovation management studies, 2000（3）: 265-280.

[54] LI X. China's regional innovation capacity in transition: an empirical approach [J]. Research policy, 2009（2）: 338-357.

[55] COOKE P. The new wave of regional innovation networks: analysis, characteristics and strategy [J]. Small business economics, 2020（1）: 20-35.

[56] LYU L, HUANG R, LIAO Q. Several theoretical issues on innovation geography [J]. Scientific geographica sinica, 2016（5）: 653-661.

[57] KALAPOUTI K, PETRIDIS K, MALESIOS C, et al. Measuring efficiency of innovation using combined data envelopment analysis and structural equation modeling: empirical study in EU regions [J]. Annuals of operations research, 2017（6）: 128-142.

[58] GUAN J C, ZUO K R, CHEN K H. Does country-level R&D efficiency benefit from the collaboration network structure? [J]. Research policy, 2016（4）: 770-784.

[59] FAN F, ZHANG J Q, YANG G Q. Research on spatial spill over effect of regional science and technology resource allocation efficiency under the environmental constraints [J]. China of science, 2016（4）: 71-80.

[60] FEI F, DEBIN D, et al Regional collaborative innovation based on the relational model of ability structure [J]. Scientific geographic silica, 2005 (1): 66-74.

[61] SRIVASTAVA M, GNYAWALI F.The impact of multilevel networks on innovation [J].Research policy, 2011 (3): 545-559.

[62] RING F.Synergy innovation, spatial correlation and regional innovation performance [J].Economic research journal, 2015 (7): 174-187.

[63] WANG J.The influence of mobility of R&D personnel on regional innovation performance based on spatial correlation analysis [J].Chinese journal of management, 2018 (3): 399-409.

[64] BONACCORSI H F. The influence of industry-university research collaborative innovation on regional innovation performance [J].Economic geography, 2017 (9): 1-10.

[65] RYCROFT R H. Structural heterogeneity and proximity mechanism of global scientific collaboration network based on co-authored dissertations [J].Act a geographic a sinica, 2017 (4): 737-752.

[66] XU J, HOU Q M, NIU C Y, et al.Process optimization of the university Industry-research collaborative innovation from the perspective of knowledge management [J].Cognitive systems research, 2018 (12): 995-1003.

[67] WANG C, ZHANG G.Examining the moderating effect of technology spillovers embedded in the intra-and inter-regional

collaborative innovation networks of China [J].Scientist metrics, 2019 (2): 561-561.

[68] LAN S L, ZHONG R Y.Coordinated development between metropolitan economy and logistics for sustainability [J].Resources, conservation and recycling, 2018 (128): 345-354.

[69] SAIDI S, SHAHBAZ M, AKHTAR P.The long-run relation-ships between transport energy consumption, transport infrastructure and economic growth in Mean countries [J].Transportation research part A, 2018 (111): 78-95.

[70] LI A B, ZHAO P P, ZHAO Y L.Empirical analysis on the Relation ship between logistics industry and economic growth in Xuzhou [J].Management and engineering, 2015 (20): 80-85.

[71] GAO Y P, CHANG D F, FANG T, et al. The correlation between logistics industry and the industries: an evaluation of the empirical evidence from China [J].The Asian journal of shipping and logistics, 2018 (1): 27-32.

[72] BROEKEL T. Do cooperative research and development subsidies stimulate regional innovation efficiency? Evidence from germany [J].Regional studies, 2015 (7): 1087-1110.

[73] MOUSSA I, LAURENT T.Indirect and feedback effects as measure of knowledge spillovers in French regions [J]. Applied economics letters, 2015 (7): 511-514.

[74] 唐建荣, 姜翠芸. 物流业与金融业协同演化机制及路径优化研究 [J]. 商业研究, 2017 (8): 175-183.

［75］中华人民共和国国务院. 国务院关于促进中部地区崛起"十三五"规划的批复［EB/OL］.（2016-12-33）.http://www.gov.cn/zhengce/content/2016-12/23/content_ 5151840.htm.

［76］生延超, 张丽家. 分工与区域经济协调发展：演进、路径与机理［J］. 湖南财政经济学院学报, 2017（1）：50-54.

［77］赵增耀, 章小波, 沈能. 区域协同创新效率的多维溢出效应［J］. 中国工业经济, 2015（1）：56-59.

［78］葛金田. 济南建设全国重要区域性物流中心的系统思考［J］. 济南大学学报（社会科学版）, 2015（6）：54-60.

［79］何春, 谭啸, 汤凯."一带一路"节点城市新型城镇化水平测度及优化［J］. 经济问题探索, 2017（6）：72-76.

［80］汪良兵. 区域经济发展与区域物流中心建设研究［J］. 山东社会科学, 2009（10）：43-47.

［81］郭先登. 新时代大国区域经济发展空间新格局下多维度配置生产力研究［J］. 山东财经大学学报, 2018（4）：43-48.

［82］陈继祥. 环境规制下的区域物流效率可持续发展研究［J］. 经济与管理评论, 2018（5）：34-37.

［83］杨振山, 吴笛, 程哲. 区域经济合作视角下经济走廊的类型与影响［J］. 区域经济评论, 2018（3）：21-32.

［84］朱凯. 政府参与的创新空间"组"模式与"织"导向初探：以南京为例［J］. 城市规划, 2015, 36（3）：49-53, 64.

［85］国子健, 钟睿, 朱凯. 协同创新视角下的区域创新走廊:构建逻辑与要素配置［J］. 城市发展研究, 2020, 27（2）：8-15.

［86］刘洪. 异质性社会资本对地区创新绩效的影响：理论

与实证解析 [J]. 云南财经大学学报，2018（5）：59-70.

[87] 范斐，杜德斌，游小珺，等. 基于能力结构关系模型的区域协同创新研究 [J]. 地理科学，2015（1）：66-74.

[88] 叶斌，陈丽玉. 基于网络 DEA 的区域创新网络共生效率评价 [J]. 中国软科学，2016（7）：100-108.

[89] 杨立生，王倩，柴鑫. 基于 SBM-DEA 模型的企业绿色持续创新效率研究 [J]. 云南财经大学学报，2018（5）：102-112.

[90] 齐亚伟. 区域创新环境对三大创新主体创新效率的影响比较研究 [J]. 科技进步与对策，2015（14）：41-46.

[91] 毛金祥，张可. 空间视角下经济集聚对区域创新的影响研究 [J]. 云南财经大学学报，2018（6）：16-26.

[92] 王珍珍. 基于共生度模型的长江经济带制造业与物流业协同发展研究 [J]. 管理学刊，2017（5）：34-46.

[93] 杨燕，高山行. 企业合作创新中知识粘性与知识转移实证研究 [J]. 科学学研究，2010（10）：1530-1539.

[94] 方创琳. 京津冀城市群协同发展的理论基础与规律性分析 [J]. 地理科学进展，2017（1）：15-24.

[95] 金戈. 中国基础设施与非基础设施资本存量及其产出弹性估算 [J]. 经济研究，2016（5）：41-56.

[96] 安树伟. 京津冀协同发展战略实施效果与展望 [J]. 区域经济评论，2017（6）：48-50.

[97] 刘贯春，乔标. 京津冀产业协同发展的问题与建议 [J]. 中国软科学，2015（7）：68-74.

[98] 张玉臣. 长三角区域协同创新研究 [M]. 北京：化学

工业出版社，2009.

[99] 张晓云，邓光耀. 要素重置、经济增长与区域非平衡发展 [J]. 数量经济技术经济研究，2017（7）：34-36.

[100] 高丽娜，宋慧勇，张惠东. 城市群协同创新形成机理及其对系统绩效的影响研究 [J]. 江苏师范大学学报（哲学社会科学版），2018（1）：100-105.

[101] 王卫东. 长三角城市群协同创新发展机制研究 [J] 企业经济，2011（12）：125-128.

[102] 崔新健，崔志新. 多区域协同创新演化路径研究：构建 3×3 区域协同创新模式 [J]. 经济社会体制比较，2018（5）：89-92.

[103] 水常青，郑刚，许庆瑞. 影响中国大中型工业企业协同创新要素的实证研究 [J]. 科学学与科学技术管理，2004（12）：44-48.

[104] 徐洁. 多维邻近性对区域协同创新影响机制的实证研究 [D]. 天津：南开大学，2017.

[105] 毛磊，谢富纪，凌峰. 多维邻近视角下跨区域协同创新影响因素实证研究 [J]. 科技进步与对策，2017（8）：37-44.

[106] 李星宇，曹兴，马慧. 长株潭地区新兴技术企业间协同创新影响因素与机制研究 [J]. 经济地理，2017（6）：122-128.

[107] 周叶. 资源错配视角下全要素生产率损失的形成机理与测算 [J]. 当代经济科学，2018（5）：103-116.

[108] 张杰，周晓艳，李勇. 要素市场扭曲抑制了中国企业 R&D？[J]. 经济研究，2011（8）：78-91.

[109] 白俊红，卞元超. 要素市场扭曲与中国创新生产的效

率损失 [J]. 中国工业经济，2016（11）：39-55.

[110] 戴魁早，刘友金. 要素市场扭曲与创新效率：对中国高技术产业发展的经验分析 [J]. 经济研究，2016（7）：45-48.

[111] 邵汉华，钟琪. 研发要素空间流动与区域协同创新效率 [J]. 软科学，2018（11）：67-69.

[112] 王钺，白俊红. 资本流动与区域创新的动态空间收敛 [J]. 管理学报，2016（9）：1374-1382.

[113] 杨省贵，顾新. 区域创新体系间创新要素流动研究 [J]. 科技进步与对策，2011（23）：60-65.

[114] 解学梅. 协同创新效应运行机理研究：一个都市圈视角 [J]. 科学学研究，2013（12）：1907-1920.

[115] 李琳，龚胜. 长江中游城市群协同创新度动态评估与比较 [J]. 科技进步与对策，2015（23）：118-124.

[116] 王钺，刘秉镰. 创新要素的流动为何如此重要：基于全要素生产率的视角 [J]. 中国软科学，2017（8）：91-101.

[117] 卞元超，吴利华，白俊红. 高铁开通、要素流动与区域经济差距 [J]. 财贸经济，2018（6）：149-163.

[118] 张绍丽，郑晓齐，张辉. 互联网环境下国家"开放-共享-协同"创新体系研究 [J]. 科技进步与对策，2016（19）：1-7.

[119] 傅为忠，李孟雨. 基于改进 ISM 模型的区域物流与区域经济协同发展影响因素分析 [J]. 管理现代化，2016（3）：23-25.

[120] 杨浩雄，段炜钰，马家骥. 基于系统动力学的地区物流

业与地区经济互动机理研究 [J]. 统计与决策, 2019 (3): 69-73.

[121] 吴晓研, 路世昌, 兰玲. 物流业和三次产业协同发展演化与实证分析 [J]. 统计与决策, 2018 (20): 107-109.

[122] 傅为忠, 李孟雨. 京津冀区域物流与区域经济协同发展评价研究 [J]. 合肥工业大学学报 (社会科学版), 2016 (6): 1-8.

[123] 贺玉德, 马祖军. 基于 CRITIC-DEA 的区域物流与区域经济协同发展模型及评价: 以四川省为例 [J]. 软科学, 2015 (3): 102-106.

[124] 李海东, 王帅, 刘阳. 基于灰色关联理论和距离协同模型的区域协同发展评价方法及实证 [J]. 系统工程理论与实践, 2014 (7): 1749-1755.

[125] 臧欣昱, 马永红, 王成东. 基于效率视角的区域协同创新驱动及影响因素研究 [J]. 软科学, 2017 (6): 6-9.

[126] 白俊红, 蒋伏心. 协同创新、空间关联与区域创新绩效 [J]. 经济研究, 2015 (7): 174-187.

[127] 唐孝文, 赖廷谦, 刘敦虎. 区域创新网络中的交互学习与信任演化研究 [J]. 经济体制改革, 2016 (3): 68-73.

[128] 王新, 于丽艳. 基于协同学的黑龙江产业结构与人才结构协同性评价 [J]. 对外经贸, 2015 (7): 56-59.

[129] 毛汉英. 京津冀协同发展的机制创新与区域政策研究 [J]. 地理科学进展, 2017 (1): 2-14.

[130] 周灿, 曾刚, 曹贤忠. 中国城市创新网络结构与创新能力研究 [J]. 地理研究, 2017 (7): 1297-1308.

[131] 郝寿义，曹清峰. 国家级新区在区域协同发展中的作用：再论国家级新区 [J]. 南开学报（哲学社会科学版），2018（2）：1-7.

[132] 王铮，李国平，苗长虹，等. 中国城市与区域管理研究进展与展望 [J]. 地理科学进展，2011（12）：1527-1533.

[133] 秋缬滢. 空间管控：环境管理的新视角 [J]. 环境保护，2016（15）：9-10.

[134] 朱惠斌. 联合跨界合作演进特征及驱动机制研究 [J]. 人文地理，2014（2）：90-95.

[135] 朱惠斌，李贵才. 区域联合跨界合作的模式与特征 [J]. 国际城市规划，2015（4）：67-71.

[136] 黄叶君. 城市群空间管治分区方法探析 [J]. 规划师，2010（7）：19-24.

[137] 郑茜，曾菊新，罗静，等. 武汉市生态网络空间结构及其空间管治研究 [J]. 经济地理，2018（9）：191-199.

[138] 黄金川，林浩曦，漆潇潇. 空间管治视角下京津冀协同发展类型区划 [J]. 地理科学进展，2017（1）：46-57.

[139] 王兴平，冯淼，顾惠. 城际创新联系的尺度差异特征分析：以长三角核心区为例 [J]. 东南大学学报（哲学社会科学版），2015（6）：108-116，148.

[140] 杨伟中. 中国三大城市群城市经济引力测度及对京津冀协同发展的启示 [J]. 金融论坛，2019（4）：71-80.

[141] 孙晓华，郭旭，王昀. 产业转移、要素集聚与地区经济发展 [J]. 管理世界，2018（5）：47-62，179-180.

［142］徐杰，段万春，张世湫. 西部地区产业布局合理化水平研究：以云南省为例［J］. 经济问题探索，2013（5）：94-101.

［143］方创琳，杨俊宴，匡文慧. 京津冀协同发展中推进雄安新区"多规合一"的基本策略与建议［J］. 中国科学院院刊，2017（11）：1192-1198.

［144］刘秉镰，孙哲. 京津冀区域协同的路径与雄安新区改革［J］. 南开学报（哲学社会科学版），2017（4）：12-21.

［145］孙铁山. 中国三大城市群集聚空间结构演化与地区经济增长［J］. 经济地理，2016（5）：63-70.

［146］蔡玉胜，吕静韦. 基于熵值法的京津冀区域发展质量评价研究［J］. 工业技术经济，2018（11）：67-74.

［147］汪彬，陈耀. 京津冀城市群发展差距测算及协同发展研究［J］. 上海经济研究，2015（8）：109-116.

［148］安景文，李松林，梁志霞，等. 产业结构视角下京津冀都市圈经济差异测度［J］. 城市问题，2018（9）：48-54.

［149］黄群慧，叶振宇，姚鹏，等. 基于新发展理念的京津冀协同发展指数研究［J］. 区域经济评论，2017（3）：44-50.

［150］梅长春，齐晓丽. 京津冀创新产出的空间布局与影响因素研究：基于13个城市的空间统计与计量分析［J］. 河北大学学报（哲学社会科学版），2019（1）：108-115.

［151］董微微，蔡玉胜. 我国国家自主创新示范区创新能力评价［J］. 工业技术经济，2018（8）：78-85.

［152］陈景帅，张东玲，马翮翮. 科技创新、空间溢出与实

体经济增长：基于山东空间杜宾模型经验分析 ［J］. 科技与经济，2018（6）：41-45.

［153］郝金磊，尹萌. 西北五省科技创新效率的多维溢出效应：基于空间面板 Dubin 模型的实证研究 ［J］. 西北民族大学学报（哲学社会科学版），2018（2）：138-149.

［154］刘林，张勇. 科技创新投入与区域经济增长的溢出效应分析 ［J］. 华东经济管理，2019（1）：62-66.

［155］殷李松，贾敬全. 长江经济带科技创新对经济增长的空间溢出效应检验 ［J］. 统计与决策，2019（16）：138-142.

［156］王兴平. 创新型都市圈的基本特征与发展机制初探 ［J］. 南京社会科学，2014（4）：9-16.

［157］程强，尹志锋，叶静怡. 国有企业与区域创新效率：基于外部性的分析视角 ［J］. 产业经济研究，2015（4）：10-20.

［158］钟根元，张娴，陈志洪. 负外部性条件下上下游企业产品创新及过程创新动态分析 ［J］. 系统管理学报，2019（3）：440-447，456.

［159］钟铭，吴艳云，栾维新. 港口物流与城市经济协同度模型 ［J］. 大连海事大学学报，2011（1）：80-82.

［160］王业强，郭叶波，赵勇，等. 科技创新驱动区域协调发展：理论基础与中国实践 ［J］. 中国软科学，2017（11）：86-100.

［161］汝刚，梅晓颖，刘慧. 以科创走廊探索科技创新协同发展新模式：基于 G60 科创走廊协同创新的理论分析 ［J］. 上海经济，2018（2）：72-85.

［162］付保宗，周劲. 协同发展的产业体系内涵与特征：基

于实体经济、科技创新、现代金融、人力资源的协同机制［J］.经济纵横，2018（12）：23-33，2.

［163］罗斯托. 经济增长理论史：从大卫·休谟至今［M］.陈春良，王长刚，郑恒等，译. 杭州：浙江大学出版社，2016.

［164］王得新. 我国区域协同发展的协同学分析：兼论京津冀协同发展［J］. 河北经贸大学学报，2016（3）：96-101.

［165］林昌华.“大湾区”战略背景下港澳协同发展水平评价及对策启示［J］. 亚太经济，2018（2）：143-148.

［166］柴攀峰，黄中伟. 基于协同发展的长三角城市群空间格局研究［J］. 经济地理，2014（6）：75-79.

［167］李健，范晨光，苑清敏. 基于距离协同模型的京津冀协同发展水平测度［J］. 科技管理研究，2017（18）：45-50.

［168］吕国庆，曾刚，顾娜娜. 经济地理学视角下区域创新网络的研究综述［J］. 经济地理，2014，34（2）：1-8.

［169］郑展，韩伯棠. 基于知识流动的区域创新网络研究评述［J］. 科技管理研究，2009，29（6）：176-178，182.

［170］刘凤朝，马荣康，姜楠. 区域创新网络结构、绩效及演化研究综述［J］. 管理学报，2013，10（1）：140-145.

［171］陈悦，陈超美，刘则渊，等. CiteSpace 知识图谱的方法论功能［J］. 科学学研究，2015，33（2）：242-253.

［172］解学梅，曾赛星. 创新集群跨区域协同创新网络研究述评［J］. 研究与发展管理，2009，21（1）：9-17.

［173］夏丽娟，谢富纪，付丙海. 邻近性视角下的跨区域产学协同创新网络及影响因素分析［J］. 管理学报，2017，14

（12）：1795-1803.

[174] 张秀萍，卢小君，黄晓颖. 基于三螺旋理论的区域协同创新网络结构分析 [J]. 中国科技论坛，2016（11）：82-88.

[175] 王海军，冯军政. 生态型产学研用协同创新网络构建与机制研究：模块化视角 [J]. 软科学，2017，31（9）：35-39.

[176] 刘和东，陈雷. 区域协同创新效率测度及其关键影响要素：基于静态与动态空间面板的实证分析 [J]. 科技管理研究，2020，40（12）：55-63.

[177] 刘丹，闫长乐. 协同创新网络结构与机理研究 [J]. 管理世界，2013（12）：1-4.

[178] 胡品平，袁剑锋，翟铖. 空间视角下中国产学研协同创新网络演化研究 [J]. 科技进步与对策，2018（14）：15-21

[179] 宋伟，康卫敏，赵树良. 我国协同创新研究的知识图谱分析：基于 CSSCI（1998—2017）数据 [J]. 西南民族大学学报（人文社科版），2018，39（6）：226-234.

[180] 马腾，贾荣言，刘权乐，等. 我国创新网络研究演进脉络梳理及前沿热点探析 [J]. 科技进步与对策，2018，35（3）：22-28.

[181] 赵娜，王孟钧，郑俊巍. 基于 CiteSpace 的协同创新网络与创新绩效多视阈研究及展望 [J]. 科技管理研究，2017，37（14）：218-223.

[182] 李敬，陈澍，万广华，等. 中国区域经济增长的空间关联及其解释：基于网络分析方法 [J]. 经济研究，2014，49（11）：4-16.

[183] 赵雨涵，宋旭光. 我国区域创新空间关联的测度与分

析：兼论区域创新网络结构的动态特征［J］．西南民族大学学报（人文社会科学版），2017，38（7）：84-92.

［184］李琳，牛婷玉．基于 SNA 的区域创新产出空间关联网络结构演变［J］．经济地理，2017，37（9）：19-25，61.

［185］刘国巍．创新网络结构资本、空间溢出及滞后效应：基于广西电子信息产业的 ESDA 分析［J］．技术经济与管理研究，2017（2）：8-13.

［186］任以胜，陆林，朱道才．基于空间关联的长三角城市群空间溢出效应研究［J］．华东经济管理，2018，32（3）：74-82.

［187］官卫华，叶斌，周一鸣，等．国家战略实施背景下跨界都市圈空间协同规划创新：以南京都市圈城乡规划协同工作为例［J］．城市规划学刊，2015（5）：57-67.

［188］朱贻文，曾刚，曹贤忠，等．不同空间视角下创新网络与知识流动研究进展［J］．世界地理研究，2017，26（4）：117-125.

［189］孙瑜康，李国平，袁薇薇，等．创新活动空间集聚及其影响机制研究评述与展望［J］．人文地理，2017，32（5）：17-24.

［190］胡杨，李郇．多维邻近性对产学研合作创新的影响：广州市高新技术企业的案例分析［J］．地理研究，2017，36（4）：695-706.

［191］陈小卉，钟睿．跨界协调规划：区域治理的新探索：基于江苏的实证［J］．城市规划，2017，41（9）：24-29.

［192］汤临佳，李翱，池仁勇．创新走廊：空间集聚下协同创新的新范式［J］．自然辩证法研究，2017，33（1）：31-37.

［193］夏丽娟，谢富纪．多维邻近视角下的合作创新研究评

述与未来展望 [J]. 外国经济与管理, 2014, 36 (11): 45 - 54, 81.

[194] 李琳, 雒道政. 多维邻近性与创新: 西方研究回顾与展望 [J]. 经济地理, 2013, 33 (6): 1-7, 41.

[195] 赵玉林, 马照宁. 产业集聚视角下高技术产业发展对区域经济增长的贡献研究 [J]. 财会月刊, 2018 (14): 3-12.

[196] 赵楠. 高新技术产业对区域经济的作用分析 [J]. 经济研究参考, 2014 (41): 50-52.

[197] 熊璞, 李超民. 财税政策对高技术产业发展的支持效应研究: 来自浙江省的经验证据 [J]. 税收经济研究, 2019, 24 (2): 10-17.

[198] 夏海力, 叶爱山, 周霞. 高技术产业发展与区域产业结构升级: 基于省际面板数据的实证研究 [J]. 科技管理研究, 2019, 39 (4): 166-173.

[199] 康海媛, 孙焱林, 李先玲. 中国城市科技研发效率的时空演变与影响因素 [J]. 科学学与科学技术管理, 2018, 39 (4): 62-73

[200] 张鹏. 区域协同创新发展的新特征: 基于上海、杭州和天津三地的调查 [J]. 信息系统工程, 2019 (2): 107-108.

[201] 李婧, 产海兰. 空间相关视角下 R&D 人员流动对区域创新绩效的影响 [J]. 管理学报, 2018, 15 (3): 399-409.

[202] 范斐, 张建清, 杨刚强. 环境约束下区域科技资源配置效率的空间溢出效应研究 [J]. 中国软科学, 2016 (4): 71-80.

[203] 刘和东, 徐亚萍. 合作创新中知识共享关键要素的影响效应研究 [J]. 南京工业大学学报 (社会科学版), 2019, 18

（2）：90-97，112

［204］白俊红，王钺，蒋伏心，等. 研发要素流动、空间知识溢出与经济增长［J］. 经济研究，2017，52（7）：109-123.

［205］刘友金，易秋平，贺灵. 产学研协同创新对地区创新绩效的影响：以长江经济带 11 省市为例［J］. 经济地理，2017，37（9）：1-10.

［206］蒋伏心，华冬芳，胡潇. 产学研协同创新对区域创新绩效影响研究［J］. 江苏社会科学，2015（5）：64-72.

［207］毛海欧，刘海云. 中国制造业全球生产网络位置如何影响国际分工地位：基于生产性服务业的中介效应［J］. 世界经济研究，2019（3）：93-107，137.

［208］张伟丽，叶信岳，李栋，等. 网络关联、空间溢出效应与中国区域经济增长：基于腾讯位置大数据的研究［J］. 地理科学，2019，39（9）：1371-1377.

［209］中国科技发展战略研究小组，中国科学院大学中国创新创业管理研究中心. 中国区域创新能力评价报告. 2018［M］. 北京：科学技术文献出版社，2018.

［210］蒋天颖，谢敏，刘刚. 基于引力模型的区域创新产出空间联系研究：以浙江省为例［J］. 地理科学，2014，34（11）：1320-1326.

［211］何晓清. 创新网络演化视角下的区域创新机制研究：以高技术产业和中低技术产业为例［J］. 研究与发展管理，2017，29（1）：22-31.

［212］佘茂艳，王元地，杨雪. 双向创新网络、网络特征及区域创新绩效［J］. 软科学，2018，32（11）：59-64.

［213］宋旭光，赵雨涵. 中国区域创新空间关联及其影响因素研究［J］. 数量经济技术经济研究，2018，35（7）：22-40.

［214］王聪，周立群，朱先奇，等. 基于人才聚集效应的区域协同创新网络研究［J］. 科研管理，2017，38（11）：27-37.

［215］范斐，杜德斌，游小珺，等. 基于能力结构关系模型的区域协同创新研究［J］. 地理科学，2015，35（1）：66-74.

［216］张水潮，刘永，程倩倩. 构建创新协同生产函数实现创新目标设计的机理研究［J］. 郑州大学学报（哲学社会科学版），2012，45（1）：85-87.

［217］孙兆刚，徐雨森，刘则渊. 知识溢出效应及其经济学解释［J］. 科学学与科学技术管理，2005（1）：87-89.

［218］王京，罗福凯. 技术-知识投资、要素资本配置与企业成长：来自我国资本市场的经验证据［J］. 南开管理评论，2017，20（3）：90-99.

［219］白永秀，李嘉雯，王泽润. 数据要素：特征、作用机理与高质量发展［J］. 电子政务，2022（6）：23-36.

［220］吴玉，郜镓滨. 我国电子商务与物流业的协同发展研究［J］. 洛阳师范学院学报，2016，35（2）：75-79.

［221］王敏，李红. 新疆跨境电商与跨境物流协调发展研究［J］. 合作经济与科技，2022（13）：81-83.

［222］张中强，宋学锋. 区域经济与区域物流协同发展状态与调控模型研究［J］. 数学的实践与认识，2013，43（14）：224-230.

［223］蔡跃洲，马文君. 数据要素对高质量发展影响与数据流动制约［J］. 数量经济技术经济研究，2021，38（3）：64-83.

［224］于立，王建林. 生产要素理论新论：兼论数据要素的共性和特性［J］. 经济与管理研究，2020，41（4）：62-73.

［225］徐翔，厉克奥博，田晓轩. 数据生产要素研究进展［J］. 经济学动态，2021（4）：142-158.

［226］林志杰，孟政炫. 数据生产要素的结合机制：互补性资产视角［J］. 北京交通大学学报（社会科学版），2021，20（2）：28-38.

［227］赵涛，张智，梁上坤. 数字经济、创业活跃度与高质量发展：来自中国城市的经验证据［J］. 管理世界，2020，36（10）：65-76.

［228］徐翔，赵墨非. 数据资本与经济增长路径［J］. 经济研究，2020，55（10）：38-54.

［229］刘淑春，闫津臣，张思雪，等. 企业管理数字化变革能提升投入产出效率吗［J］. 管理世界，2021，37（5）：170-190，13.

［230］谢康，夏正豪，肖静华. 大数据成为现实生产要素的企业实现机制：产品创新视角［J］. 中国工业经济，2020（5）：42-60.

［231］王建冬，童楠楠. 数字经济背景下数据与其他生产要素的协同联动机制研究［J］. 电子政务，2020（3）：22-31.

［232］王可，宗静，刘瑞语. 基于 SCP 范式的北京草莓产业发展分析［J］. 经济师，2018（9）：150-151.

［233］杨明路，李林虞. 农产品电子商务与物流协同发展策略研究［J］. 资源开发与市场，2019（11）：1402-1408.

［234］张喜玥. "一带一路"背景下哈长城市群物流协同共生发展研究［D］. 吉林：延边大学，2020.